親子で学ぶ

世界遺産石見銀山

前編　山陰中央新報こども新聞『週刊　さんいん学聞』連載

「おしえて石見銀山たんけん隊」

後編

「親子で石見銀山歴史散歩」

発刊によせて

松江歴史館館長　藤岡大拙

この度、宍道正年さんの「親子で学ぶシリーズ」の第8弾、『世界遺産石見銀山』が刊行のはこびとなりました。本当に喜ばしいことです。これによって子どもたちのみならず、大人たちもぐっと、石見銀山に親しみを覚えてもらえると思うからです。

このシリーズは、当初松江城を中心に、歴史や文化などについて、マアちゃんという小学6年生が、お父さんとの対話でいろいろ教えてもらうという形式のもので、宍道さんの巧みな叙述で、たいへん好評を博しています。第6弾からは松江の外に出て、月山富田城や王陵の丘（いずれも安来市）をテーマにされていますが、今回の第8弾は石見銀山がとりあげられました。

本書は大きく分けて、前編「おしえて石見銀山たんけん隊」、後編「親子で石見銀山歴史散歩」の二編から成っています。前編は、銀山についての専門の先生と男女二人の小学生との対話と通じて、銀山の鉱物や遺跡、歴史や生活などを学ぶ内容になっていますが、難しい銀山の解説をこれほど易しく、しかも正確に述べた書物

を寡聞にして知りません。後編はお父さんとマアちゃんが、現地見学をする内容になっていますが、その中味の微細なことに驚かされます。全編に挿入された絵図やイラストも素晴らしいものです。

対話形式によって、子どもたちに分かり易く説明するという叙述方法は、宍道さんならではの手法で、他の追随をゆるさぬものがあります。それほど絶妙の技をもっています。それもそのはず、宍道さんはれっきとした考古学者であり、同時にベテランの初等教育者なのです。宍道さんはかつて島根県古代文化センターのセンター長や文化財課長を務め、島根の考古学研究の最先端に身をおいていました。また、長年小学校の教員として、校長先生になってからも、率先して推進してきました。郷土学習に積極的にたずさわり、正確な内容を子どもたちに分かり易く教えるノウハウを具備しておられるのです。そんなわけですから、

前編では、難解な石見銀山の歴史や文化を、先生の口から分かり易く語らせ、小学生が質問やら意見を言う、その絶妙な対話に、読者は思わず引き込まれてしまうでしょう。後編では、遺跡現場の臨場感がビュンビュン伝わってくるでしょう。

私はこのシリーズの毎号の「刊行の辞」を書かせていただきましたが、本書はそのなかでも白眉のできばえだと思います。ただし、宍道さんにはこの白眉を超える作品を、今後次々と刊行していただきたいと願っています。

発刊によせて（藤岡大拙）――2

前編

山陰中央新報こども新聞『週刊 さんいん学聞』連載

「おしえて石見銀山たんけん隊」

（執筆 藤原 雄高）

後編

親子で石見銀山歴史散歩　**（執筆　宍道　正年）**

前編 おしえて 石見銀山たんけん隊

島根県大田市にある「石見銀山遺跡とその文化的景観」は、国連教育科学文化機関（ユネスコ）の世界遺産に登録されています。石見銀山の歴史や暮らしなどについて、石見銀山のエキスパート藤原雄高さん（38）を先生役に一緒に学びましょう。

1時間目

平和願う気持ち込めた世界遺産

これから藤原先生のもとで石見銀山遺跡について学び始める、さとるとしおり。1時間目は世界遺産について考えてみよう。

先生「島根県大田市の石見銀山遺跡は、2007年に国連教育科学文化機関（ユネスコ）の世界遺産に登録されているよ。世界遺産には、地球の歴史的な成り立ちを表す自然遺産と、人類の歴史を示す文化遺産と、その両方の特徴を持つ複合遺産があるんだ。2人は世界遺産というと、どこを思い浮かべるかな?」

さとる「ぼくはピラミッド（エジプト）や万里の長城（中国）とか……。人類史上最大の建物って言われているくらい大きくてすごいところって

世界遺産の一例。左上ピラミッド（エジプト）、右下万里の長城（中国）

いうイメージがあるな。」

しおり「私はアンコールワット（カンボジア）やモンサンミシェル（フランス）。キレイですてきなところだよね。日本とは習慣や文化がまったく違うところがおもしろいよね。」

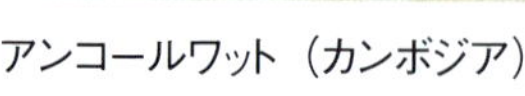

アンコールワット（カンボジア）

モンサンミシェル（フランス）

先生「2人ともいい視点だね。実はそこが、世界遺産として大きな意味を持っているところだよ。」

さとる・しおり「どういうこと？」

先生「世界遺産が登録されるユネスコの憲章（1945年）の前文には、こんなことが書かれているよ。」

> **～戦争は人の心の中で生まれるものであるから、人の心の中に平和のとりでを築かなければならない。相互の風習と生活を知らないことは、人類の歴史を通じて世界の諸人民の間に疑惑と不信をおこした共通の原因であり、この疑惑と不信のために、諸人民の不一致があまりにもしばしば戦争となった。～**

先生「つまり、これまでは相手の価値観や文化を知らなかったことから、疑いの心が生まれて、争いが起こったとしているんだよ。そこで二度と戦争の悲劇を繰り返さないためにも、地球や人類の歴史にとって重要な自然や遺跡や景観を世界遺産として登録して保護することで、文化の多様性を尊重する、平和な世界を築いていこうと考えているんだよね。」

しおり「そうかぁ。世界遺産には世界平和の願いが込められているんだね。」

さとる「ん、もしかすると石見銀山遺跡にも同じようなことが言えるのかな?」

先生「そうだよ。石見銀山遺跡も人類の歴史にとって、とても重要なところなんだ。それが何なのかをこれからみんなで勉強していきましょう。」

さとる・しおり「は~い。」

もっと知りたい

世界遺産っていくつあるの?

2019年11月現在、世界遺産は1121件(自然遺産213件、文化遺産869件、複合遺産39件)あるよ。日本では自然遺産4件、文化遺産19件が登録されているんだ。

日本の世界遺産

自然遺産①〜④　文化遺産⑤〜㉓

日本には、「石見銀山遺跡とその文化的景観」をはじめ、23件（2019年現在）の世界遺産があります。そのうち自然遺産は４件、文化遺産は19件です。

①白神山地（1993年）

②屋久島（1993年）

③知床（2005年）

④小笠原諸島（2011年）

⑤法隆寺地域の仏教建造物（1993年）

⑥姫路城（1993年）

⑦古都京都の文化財（1994年）

⑧白川郷・五箇山の合掌造り集落（1995年）

⑨原爆ドーム（1996年）

⑩厳島神社（1996年）

⑪古都奈良の文化財（1998年）

⑫日光の社寺（1999年）

⑬琉球王国のグスク及び関連遺産群（2000年）

⑭紀伊山地の霊場と参詣道(2004年)

⑮石見銀山遺跡とその文化的景観（2007年）

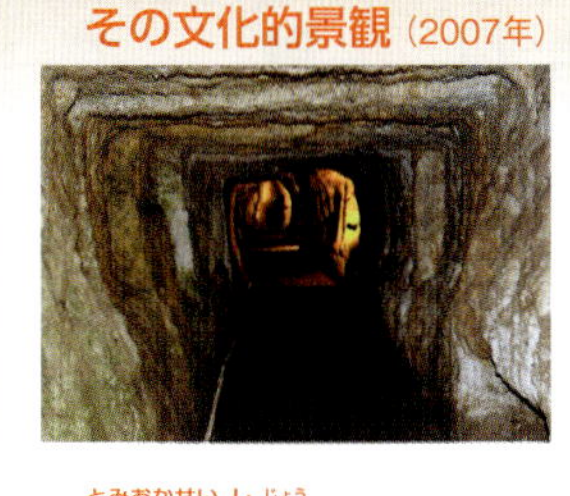

⑯平泉―仏国土(浄土)を表す建築・庭園及び考古学的遺産群(2011年)

⑰富士山―信仰の対象と芸術の源泉（2013年）

⑱富岡製糸場と絹産業遺産群（2014年）

⑲明治日本の産業革命遺産
―製鉄・製鋼、造船、石炭産業―（2015年）

⑳ル・コルビュジエの建築作品
―近代建築運動への顕著な貢献―（2016年）

㉑「神宿る島」宗像・沖ノ島と関連遺産群（2017年）

㉒長崎と天草地方の潜伏キリシタン関連遺産(2018年)

㉓百舌鳥・古市古墳群
―古代日本の旧墓群―（2019年）

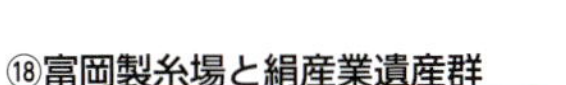

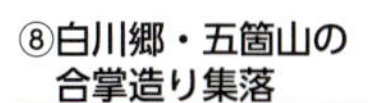

2時間目 火山の地下に銀含む岩石

平和の願いが込められた世界遺産に登録されている石見銀山遺跡。今回は銀山の成り立ちを勉強するよ。みんなは銀山がどうやってできるか知ってるかな？

先生「銀といえばどんなものを連想するかな？」

しおり「私はアクセサリー！　キラキラ輝いていて憧れなの。」

先生「銀山はその原料となった銀がたくさんあるところなんだ。」

さとる「銀山って山の中に銀の塊があるの？」

先生「見た目は普通の山と変わらないよ。でも地下の岩石の中に他の山よりたくさん銀が含まれているんだよ。」

しおり「どれくらい銀があるの？」

先生「石見銀山は日本でトップクラスの産出量を誇った銀山なんだ。今は銀が採れないけど、採掘していたころは、1トンあたり300グラム以上の銀が含まれたところもあったんだ。」

さとる「たったそれだけなの?!」

先生「でもね、ぼくたちの足もと、地球の表面をおおう岩盤には、銀は平均で1トンあたり0.07グラムしか含まれていないんだ。」

しおり「すごいね。石見銀山には平均の4千倍以上の銀が、一つの山の地下に集まっていたんだね。」

さとる「銀は山にしかないの？　平らなところにあってもいいんじゃないかな？」

先生「実はね、銀は火山と深い関わりがあるんだ。火山の噴火を引き起こすマグマによって熱せられた高温の地下水が、岩盤の中の銀や金などの鉱物を溶かして、地中の割れ目や隙間に沿って昇っていって冷やされて固まることで銀山になっていくんだ。」

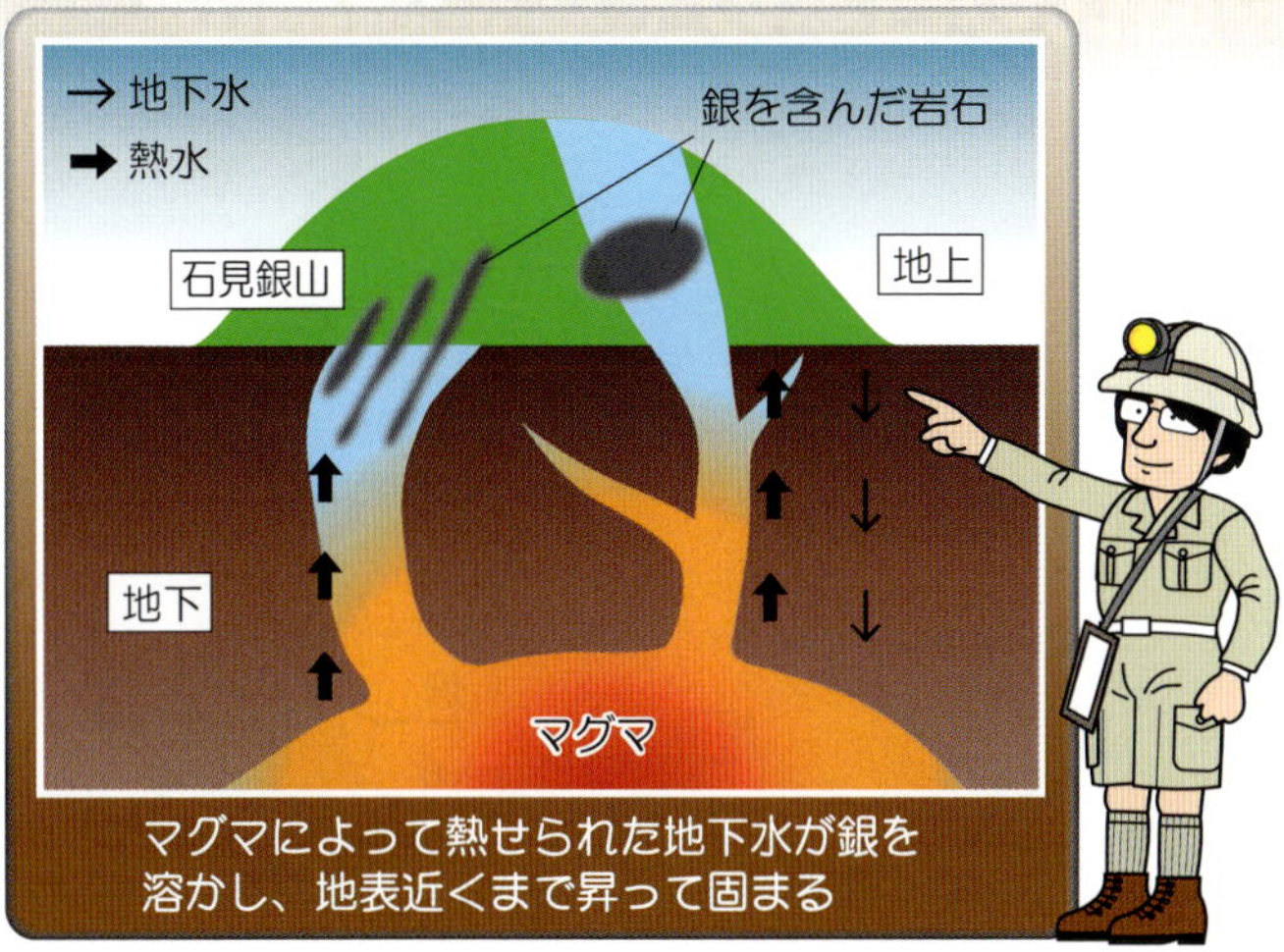

マグマによって熱せられた地下水が銀を溶かし、地表近くまで昇って固まる

さとる「石見銀山はもとは火山だったの？」

先生「そうだよ。約150万年前の火山活動によって、地下に数センチから最大で50センチの幅の割れ目に銀を含んだ岩石が集まっていったと考えられているんだよ。」

しおり「地球に人類が現れたころに石見銀山ができたって思うと不思議だね。」

もっと知りたい

銀山って他にもあるの？

石見銀山と同時代では、日本は生野銀山（兵庫県）、院内銀山（秋田県）、島根には久喜銀山（邑南町）などがあるんだ。世界ではポトシ銀山（ボリビア）が有名で、世界遺産にも登録されているよ。

江戸時代の日本の主な金銀銅山

小葉田淳『日本鉱山史の研究』などより作成。

3時間目

博多の神屋寿禎が発見

いよいよ石見銀山遺跡の歴史について学んでいくよ。石見銀山は誰が、どうやって見つけたんだろう。

さとる「石見銀山の銀はいつから採られていたの？」

先生「今から約500年前、戦国時代の1527年（大永7）に発見されたといわれているよ。」

しおり「誰が見つけたの？」

先生「博多の商人、神屋寿禎という人なんだ。」

しおり「なぜ遠くの人が見つけたんだろう？」

先生「江戸時代後期にまとめられた『銀山旧記』という書物にはこう記されているよ。」

石見銀山遺跡の全景＝2007年撮影、大田市大森町

〜筑前の博多に神屋寿禎というものあり。雲州へ行かんとて一つの船に乗り、石見国の海を渡りはるかに南山を望むに、赫然たる光あり。〜

しおり「どういうこと？」

先生「寿禎が筑前国（現在の福岡県）の博多から出雲国へ船で向かっていた途中、石見国の海から南の山を眺めると輝く光を見つけたんだ。ここでいう山は仙ノ山（大田市大森町、標高537メートル）のことを指すよ。石見銀山という名前の山は存在せず、仙ノ山が石見銀山そのものなんだ。」

さとる「仙ノ山が銀色にピカピカ光っていたの？」

先生「残念ながら、銀は空気に触れると酸化して黒くなるから光ることはないんだ。仙ノ山にある清水寺の観音様が輝いていたとも伝えられているけど、実際のところ、はっきり分かっていないよ。」

しおり「山が輝いていた伝説が残るなんて神秘的。」

先生「その後、寿禎は出雲大社近くの鷺銅山へ銅を買い取りに行き、輝く山の話をしたところ、経営者が興味を持ったんだ。それで鷺銅山の技術者らと一緒に仙ノ山に行き、銀を見つけたと『銀山旧記』に書かれているよ。」

さとる「ここから石見銀山の歴史が始まるんだね。」

もっと知りたい

神屋寿禎はどんな人？

生年不明〜1546（天文15）年没。明（中国）と貿易を行ったよ。石見銀山の開発に携わり、産銀量を飛躍的に増大させた製錬技術・灰吹法を導入したんだ。

4時間目 銀掘り進めた通路が間歩

さとるとしおりは先生と一緒に初めて石見銀山遺跡へ出掛けることにしたよ。どんな発見があるかな？

先生「今日は石見銀山遺跡にある龍源寺間歩を見学に行こう。」

しおり「今の銀山の様子がわかるんだね。ところで、間歩って何？」

先生「銀を掘るために地下を掘り進めた通路のことだよ。」

さとる「龍源寺間歩の周辺を歩いていると、ぽっかりと口を開けた穴がたくさんあるよ。あれは全部間歩なの？」

先生「そうなんだ。遺跡内に間歩は1千カ所以上確認されているよ。」

しおり「よく見ると、間歩の入り口近くには珍しい植物があるね。葉っぱがギザギザで、正月のお飾りのウラジロに似ているけど。」

先生「いいところに気がついたね。あれは

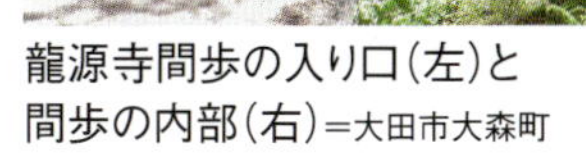

龍源寺間歩の入り口（左）と
間歩の内部（右）＝大田市大森町

ヘビノネゴザ＝写真＝といって、金や銀を含んだ土壌を好んで育つ植物なんだ。銀を探すときの目印になったんだよ。」

さとる「植物を手掛かりに間歩を掘る場所を決めていたんだね。」

しおり「丸太の木を組んで作られたところが入り口ね。」

先生「さあ、間歩の中に入ってみよう。ここはみんなに公開されているんだよ。」

さとる「中は涼しい。温度計は10度をさしているね。」

しおり「歩くところは狭い。私たちはいいけど、大人は頭をぶつけそうな高さだね。あ、コウモリもいるよ！」

先生「間歩はだいたい縦120センチ、横60センチで掘られているよ。今歩いているところは銀を含んだ石を運んだり、深く掘り進むとわき出る地下水をくみ出したりしていた通路なんだ。」

しおり「明かりがなければきっと真っ暗だね。」

さとる「こんなに狭くて暗い場所で作業をしていたんだ。どんな人が働いて、どのくらい銀を採っていたんだろう。もっと知りたい。」

しおり「現地に行くと、銀が掘られていた当時のことを身近に感じることができるんだね。」

もっと知りたい

龍源寺間歩ってどんなところ？

江戸時代初めには開発が始まっていたとされ、長さが600メートル以上あったよ。現在、そのうちの156・7メートルを見学することができるんだ。今でも壁面には当時の採掘跡を見ることができるよ。

5時間目 「灰吹法」取り入れ銀増産

地下を掘り進めた通路「間歩」を歩き、当時の採掘の様子を学んださとるとしおり。2人は次に、石から銀を取り出す方法に興味を持ったようだよ。

さとる「掘り出した銀を含む石（銀鉱石＝写真＝）からどうやって銀だけを取り出したんだろう？」

先生「まずは銀鉱石を固い石の上に置いて、金づちで細かく砕くんだ。」

さとる「必要のない部分を取り除くんだね。」

先生「次にクリの木で作った盆に砕いた石を入れて、水をためたおけの中でゆっくりふるうんだ。そうすると、土や砂よりも重い銀は盆の底にたまることになるね。」

石見銀山資料館所蔵

しおり「それを取り出せば銀ができるの？」

先生「ここからが肝心なところなんだ。そのままではまだ銀に鉄やマンガンという不要な物質がたくさんくっついているんだよ。そこで、銀だけを取り出すために鉛を使うんだ。」

さとる「どうして鉛が必要なの？」

先生「鉛は銀と結びつきやすい性質があってね。地面を深く掘って作った炉の中へ一緒に入れて燃やすんだよ。そうすれば銀と鉛がくっついて、余計なものは取り除かれるんだ。」

しおり「次は銀と鉛を離さないといけないよね。」

先生「そう。そこで新たに地面を浅く掘って、灰を敷きつめた炉を作り、そこに銀と鉛を置いて、椿などの木を渡して濡れたむしろでふたするんだ。炉に風を送り出す道具『ふいご』を使って燃やすと鉛が溶けてくるんだ。」

さとる「それでどうなるの？」

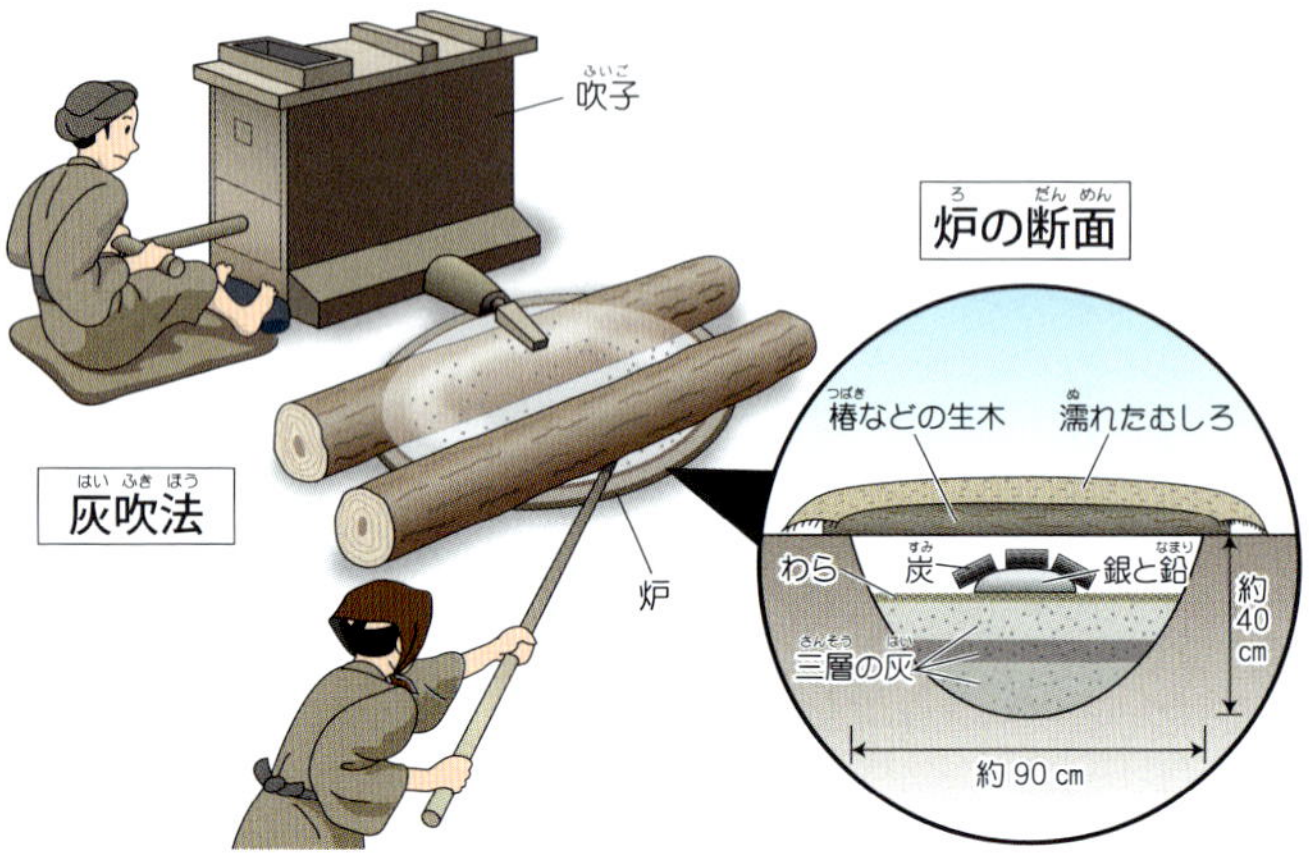

先生「鉛は溶けると灰に吸収されてしまうんだ。逆に銀は灰に吸収されないから、灰の上に銀だけが残ることになる。」

しおり「工夫して銀を取り出したのね。」

先生「この方法が日本で初めて導入された高度な技術『灰吹法』なんだ。現地で銀を大量に生産できるようになり、その後、灰吹法は日本各地の銀山に伝わったよ。」

さとる「石見銀山の製錬技術は最先端だったんだ。」

もっと知りたい

灰吹法はどこから来たの？

石見銀山発見の6年後に朝鮮半島から伝わったとされているよ。1997年の発掘調査では、灰吹法に使われた鉄鍋も見つかっているんだ。当時の製錬技術を知る貴重な資料だよ。

6時間目 銀を運んだ2本のルート

世界遺産に登録されているのは銀山だけではないよ。今日は銀が運ばれた道や港について学ぼう。

しおり「石見銀山で採れた銀はその後どうなるの？」

先生「近くの港に運び出されたんだ。銀山と、銀鉱石や銀を運ぶ港や港町を結ぶ道を『銀の道』と呼ぶよ。道や港、港町は今でも大切に保存されていて、銀山の価値を示す遺跡として世界遺産に登録されているよ。」

さとる「なるほど。銀山だけじゃなくて、銀が運ばれる過程も大切なんだね。」

先生「そうだよ。『銀の道』には2本のルートがあるんだ。一つは鞆ケ浦道。銀山発見直後の16世紀前半は質のいい銀鉱石を選んで、銀山から約7キロの鞆ケ浦港（大田市仁摩町）に運んだよ。」

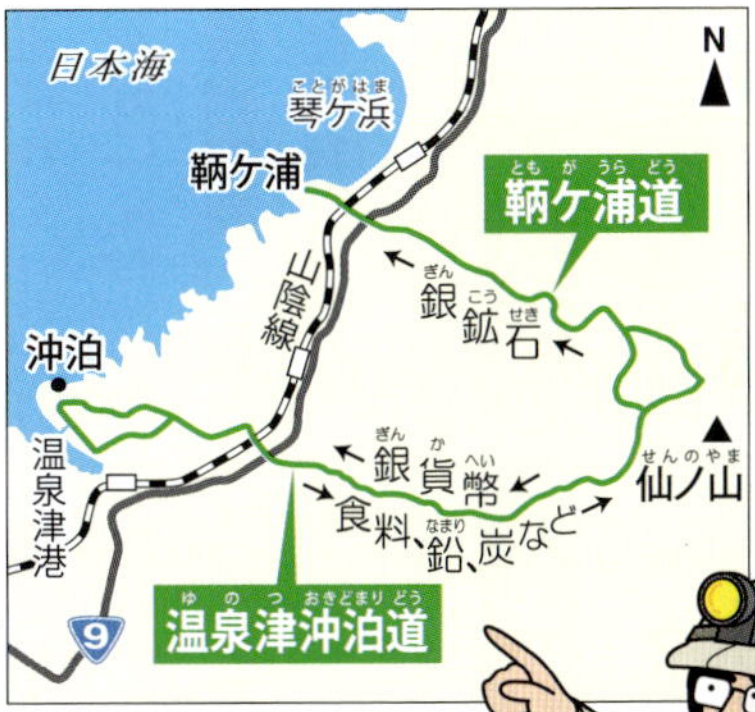

さとる「銀鉱石を運ぶのってとても重そう。」

先生「だから海までの最短ルートが選ばれたんだ。」

しおり「銀鉱石から銀を取り出す『灰吹法』が伝わって、どうなったの？」

温泉津沖泊道の石階段。温泉津港から大量の食糧がここを通って石見銀山に届けられた＝大田市温泉津町

先生　「製錬した銀は銀山の町で貨幣＝写真＝に加工され、住人が品物を買うために使ったんだ。」

さとる　「銀山に住む人は何を買ったの？」

先生　「産銀量が増えるにつれて労働者も多くなり、銀山の人口は激増したよ。でも、銀山にはほとんど農地がなかったから、商人からお米などの食料を買い入れたんだ。たくさんの食料を仕入れるためには大きな港町が必要で、50隻の船を留めることができた温泉津港（大田市温泉津町）に拠点が移ったよ。」

貨幣
中村俊郎氏所蔵

しおり　「その港への道がもう一つの『銀の道』ね。」

先生　「銀山から全長約12キロの温泉津沖泊道だよ。食料の他にも銀山で使われる鉛や炭を積んだ船もたくさん入ってきたんだ。」

さとる　「銀山から港へ向けて、最初は銀鉱石が運ばれていた道が、銀山で使われた銀貨幣が流れる道に変わっていったのか。」

しおり　「『銀の道』は重要な役割を果たしていたのね。」

もっと知りたい

温泉津ってどんなところ？

漢字の通り、温泉のある津（港）という意味だよ。7世紀にタヌキが温泉で傷を癒やしたのを僧が見て発見したという伝説があるんだ。今でも温泉には多くの人が訪れるよ。

7時間目 最盛期（さいせいき）には20万人暮（く）らす

石見（いわみ）銀山にかかわる人たちはどこに住んでいたのかな？　書物をひもといて、銀山の町の様子を想像（そうぞう）してみよう。

さとる「銀山で働いていた人はどこに住んでいたの？」

しおり「山の中は坂ばかりで住むのが大変そう。」

先生「でも山には家の材料になる木がたくさんあるよね。銀山発見直後は、間歩（まぶ）の近くに山小屋のような家を建てて銀を掘（ほ）っていたんだ。」

さとる「銀を掘る人以外はどこに住んでいたの？」

先生「銀鉱石（ぎんこうせき）から銀を取り出す作業には水が必要だから、製錬（せいれん）をする人たちは川や池の近くに多く住んでいたよ。今でも仙ノ山（せんのやま）では、住宅（じゅうたく）のために人工

江戸時代前期の仙ノ山の中腹から山頂にかけての町の様子を再現した模型＝大田市大森町、石見銀山世界遺産センター

住宅のために造られた平らな土地＝大田市大森町、仙ノ山

的に造られた平らな土地を見ることができるんだ。」

さとる「本当にそこに人が住んでいた証拠だね。」

しおり「食料や服を売っていたお店もあったの？」

先生「銀山には『魚店』や『京見世』という地名が残っているよ。見世は商店という意味で、そこは昔の商店街だったのかもね。」

さとる「産銀量が増えてきた仙ノ山には、最大で何人が住んでいたのかな？」

先生「江戸時代後期に記された『銀山旧記』を見てみよう。」

～慶長の頃より寛永年中大盛、士稼の人数二十万人、一日米穀を費やす事千五百石余、車馬の往来昼夜を分たず、家は家の上に建て、軒は軒の下に連なり…恐らくは日本の内、此銀山に勝る所有まじくやと申伝えり。～

しおり「20万人も？」

先生「そうなんだ。江戸時代前期に産銀量が最盛期を迎え、武士や労働者の人数は合計20万人、一日の米の消費量は1500石（約225トン）、人や馬は昼夜絶え間なく往来した。家は隙間がないほど建てられ、日本中で最もにぎやかなところだったと伝えられているよ。」

さとる「仙ノ山に今の松江市と同じくらいの人が住んでいたってことだね。」

しおり「今ではまったく想像がつかないわ。それだけ銀を求める人やその生活を支える人たちが暮らしていたってことね。」

もっと知りたい

どれほど栄えた町だったの？

戦国時代後期、良質な銀が採れた仙ノ山の頂上近くにできた石銀集落には、大勢の労働者たちが暮らしていたよ。「石銀千軒」と呼ばれ、千軒近くの家屋が密集していたという伝承があるんだ。

8時間目 繁栄を象徴する遺構二つ

今日は仙ノ山の中腹にある本谷地区に出掛けよう。ここには石見銀山の繁栄を象徴する遺構があるよ。

先生「今日は石見銀山を代表する間歩の一つ『釜屋間歩』と、謎の巨大な岩盤遺構を見に行こう。」

さとる「謎？　なんだかわくわくする。先生、遺構って何？」

先生「昔の人が住んだ建物など、暮らしの跡が残っているところのことだよ。」

しおり「わっ！　大きな岩盤。ここが釜屋間歩ね。」

先生「釜屋間歩は産銀量が最盛期となった江戸時代前期に開発され、年間3600貫目（約13.5トン）

製錬施設の遺構
＝大田市大森町、仙ノ山

釜屋間歩の遺構
＝大田市大森町、仙ノ山

の銀を税金として幕府に納めたとされているんだ。銀鉱石を掘り当てた安原伝兵衛は1603（慶長8）年、徳川家康に功績を認められ、褒美として羽織と扇子を授かっているよ。」

さとる「間歩の隣に石段があるよ。何かな？」

先生「石段の奥にあるのが謎の岩盤遺構なんだ。」

しおり「こんな大きい岩盤見たことないわ。」

先生「高さが約20メートルもあるんだ。石段の上にはお祈りのための石碑があったと考えられているよ。2003年に、山肌の草木を取ったところ突如現れたんだ。」

さとる「たったの16年前なの。大発見だね。」

先生「さて、ここは何をしていた場所でしょう？　一緒に考えてみよう。」

しおり「岩盤にはテラスのような平らな場所が3段あるわ。硬そうなのに溝や水たまりも造られている。」

先生「溝は雨水を導いて流すためのもので、水たまりにつながっていたんだ。」

さとる「水を使うってことは製錬する場所かな。」

先生「正解。その水たまりの中で銀鉱石とそれ以外の石を、重さの違いで分ける作業が行われていたよ。」

しおり「山の中だからこそ貴重な水を大切に使っていたのね。」

さとる「こうやって銀山の謎がどんどん明らかになるとおもしろいね。」

もっと知りたい

安原伝兵衛ってどんな人？

備中国（現在の岡山県）出身の山師（＝間歩の経営者）。仙ノ山にある清水寺の観音菩薩から「銀の釜」を授かる夢を見て、釜屋間歩を発見したという説話もあるよ。

9時間目

戦国大名が激しい争奪戦

石見銀山が発見された1527（大永7）年は戦国時代まっただ中。そこでは、銀山をめぐって激しい争奪戦が繰り広げられていたんだ。

◆石見銀山の争奪戦の流れ◆

時代	年	できごと
戦国時代	1527（大永７）年	博多の商人・神屋寿禎が石見銀山を発見 大内義興が銀山を支配下におく
	33（天文２）年	高度な製錬技術「灰吹法」が導入される
	51（同 20）年	家臣が大内義隆を倒す
	56（弘治２）年	尼子晴久と毛利元就の銀山争奪戦が始まる
	61（永禄４）年	毛利が山吹城の攻撃に取りかかる
	62（同 5）年	毛利が銀山を支配する
安土桃山時代	1600（慶長５）年	関ヶ原の戦いに勝利した徳川家康が銀山を直接支配する

毛利　尼子

しおり「戦国大名にとって銀山はどんな存在だったの？」

先生「銀山は戦のためのお金を生み出す『宝の山』と考えられていたよ。」

さとる「宝の山？」

先生「戦うためには武器が必要だよね。弓矢や鉄砲、それに海外から火薬の原料を入手するために、世界共通のお金だった銀が役に立ったんだ。だから、周辺の大名たちは銀山をほしがった。」

さとる「銀山が発見されたころは誰が支配していたの？」

先生「周防国（現在の山口県東部）を拠点とする大内義興だよ。」

しおり「出雲国（現在の島根県東部）の尼子も

強い大名だったんだよね。」

先生「そうだね。だから大内と尼子は銀山をめぐって争奪戦を繰り広げたよ。でも、1551（天文20）年、大内義興の息子・義隆が家臣によって滅ぼされてしまうんだ。」

さとる「戦が行われている中、銀山では採掘や製錬が続けられていたんだね。」

先生「一方で、次第に力をつけてきた安芸国（現在の広島県西部）の毛利元就が尼子晴久と銀山を争うようになるんだ。」

さとる「まさに群雄割拠の時代だね。」

先生「毛利は石見国（現在の島根県西部）へ軍勢を進めて、ついに1556（弘治2）年、銀山をおさえたんだ。でも、すぐに尼子が銀山を奪い返すんだ。」

しおり「尼子も毛利も必死に作戦を練ったのね。」

先生「軍を立て直した毛利は1561（永禄4）年、銀山と谷を隔てた反対側にある山城・山吹城の攻撃に取りかかるんだ。」

しおり「銀山を守るため築城されたお城ね。」

先生「そう。そして毛利は翌年、交渉の末に銀山を手に入れたんだ。それから1600（慶長5）年の関ケ原の戦いまで、銀山の支配を担っていったよ。」

さとる「毛利が中国地方最大の戦国大名になった理由のひとつに、石見銀山の銀があったんだね。」

もっと知りたい

山城って何？

山頂や中腹に築き、攻められにくいのが利点のお城だよ。石見銀山の周辺には争奪戦の舞台となった山城がたくさんあるんだ。中でも、山吹城、石見城、矢滝城、矢筈城（いずれも大田市）は世界遺産にも登録されているよ。

10時間目 毛利、軍事目的に銀利用

1562（永禄5）年、尼子に勝利し、石見銀山を手に入れた毛利。毛利はどのように銀を利用したんだろう。毛利と銀山の関係をひもといてみよう。

さとる「毛利はどうやって銀山を38年もの長い間支配したの？」

先生「毛利元就は、まず銀山そのものを朝廷に献上して、自ら朝廷の代理として民政に当たる『代官』になることを申し出たんだ。」

しおり「なるほど。朝廷のお墨付きをもらって、他の大名が攻めてこないようにしたんだね。」

先生「それから銀や物資の輸送の要となる温泉津を直接支配し、銀山と一体で守りを固めたよ。」

さとる「万全の態勢で銀山を守ろうとしたんだね。」

しおり「毛利は銀を何に使ったのかな？」

先生「元就は軍事目的に銀を利用したんだ。」

しおり「戦国時代の戦乱を生き抜くためには相当な資金が必要だったのね。」

先生「武器を入手するだけでなく、戦いの遠征先でお米を買うために使われることもあったよ。」

さとる「まさに『腹が減っては戦ができぬ』だね。」

先生「元就の孫、輝元の時代になると、厳島神社（広島県）を建て替える費用としても使われたんだ。」

さとる「厳島神社は毛利の守り神だもんね。」

しおり「同じ世界遺産同士でそんな結びつきがあったのね。」

さとる「毛利は銀山からどのくらい銀を徴収していたの？」

厳島神社（広島県）

先生「最初は年間3千枚（1枚＝約160グラム）程度だったよ。それが関ケ原の戦いの直前には、温泉津も含めて3万枚にまで膨れ上がっていたんだ。」

しおり「たくさん銀が採れたから？」

先生「それもあったけど、毛利は産銀量に応じて徴収するのではなく、毛利自身が必要なだけ銀を納めさせていたんだ。」

さとる「銀山で働く人たちは、毛利の要求に応えるために必死に銀の採掘に励んだんだね。」

もっと知りたい

厳島神社とのつながりは？

銀山の経営者らが1568（永禄11）年から1607（慶長12）年にかけて、神社をつなぐ廊下を改築するときに寄付をしたんだ。1584（天正12）年には毛利の家臣が銀製の狛犬を贈っているよ。

11時間目 「関ヶ原」後は家康が支配

毛利による石見銀山の支配は1600（慶長5）年、関ヶ原の戦いの敗北をもって終わるんだ。次に、江戸幕府初代将軍、徳川家康が銀山を治めたよ。

先生「関ヶ原の戦いで勝利した徳川家康は、そのわずか10日後に銀山周辺の7カ村に対して禁制（禁止事項）を通知したんだ。」

さとる「家康自身が銀山を支配していくことを宣言するようなものだね。」

先生「それからしばらくして、銀山とその周辺を江戸幕府が直接治める『天領』にしたよ。」

しおり「銀山が江戸幕府の経済を支える重要な地域だったってことね。」

先生「家康はそれまで、有力な金銀山を手にしていなかったからね。そして、家臣の大久保長安を銀山に派遣するんだ。」

さとる「徳川の支配は毛利の頃とどんな違いがあるの？」

しおり「確か毛利は必要なだけ銀山から銀を納めさせたんだよね。」

入札のイメージ

〇〇間歩を採掘したい人

奉行所

Aさん

100もんめ

Bさん

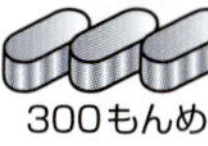

300もんめ

Cさん 落札

500もんめ

一番高い額を示した人と契約

（もんめ＝通貨の単価。1もんめは約3.75グラム）

先生「政務を担う初代奉行となった大久保は、間歩を一つ一つ管理することから始めるんだ。」

しおり「まず現状を知ることからだね。」

先生「そして、採掘量に応じて銀鉱石の3分の1や5分の1を奉行所に納めさせたり、間歩の採掘者を募り事前に納める額を入札させて、一番高い額を示した人に採掘を認めたりしたんだ。」

さとる「銀が確実に納められるようになるね。」

先生「さらに有望な間歩に資金を援助するなど、銀山のために積極的にお金を使ったんだ。他にも銀山に住むための土地の税金も免除したよ。」

しおり「採掘しやすい環境づくりを進めたのね。」

さとる「大久保は銀山に住んでいたの？」

先生「大久保の支配地は全国にあるから、銀山には6回しか来ていないんだ。」

さとる「え！　それならどうやって支配したの？」

先生「大久保は各地から銀山の現地役人に書状を送って、こと細かく指示を出していたんだ。」

しおり「家康は優秀な部下に銀山を任せていたのね。」

大久保長安木像　大安寺所蔵

もっと知りたい

禁制に書いてあったことは何？

家康が地域を安定させるために出したよ。

一、兵士も民も乱暴なふるまいをしないこと
一、放火をしないこと
一、田畑の収穫物を刈り取らないこと

の三つを守らせたんだ。

12時間目

形など統一し銀をお金に

江戸時代に入ると、形や重さを統一した銀のお金が造られるようになったよ。石見銀山の銀も貨幣に加工され、全国で使われたよ。

先生「徳川家康は全国を統一すると、約650年ぶりに国家で貨幣を発行するんだ。」

しおり「それまではどうだったの？」

先生「中国から輸入した銭がお金の中心だったよ。それが石見銀山の発見をきっかけに国内の金銀山の採掘が活発になり、金や銀もお金として使われ始めたんだ。」

さとる「石見銀山でも製錬した銀が貨幣に加工されていたよね。」（＝写真❶）

しおり「葉っぱのような形をしてたわ。」

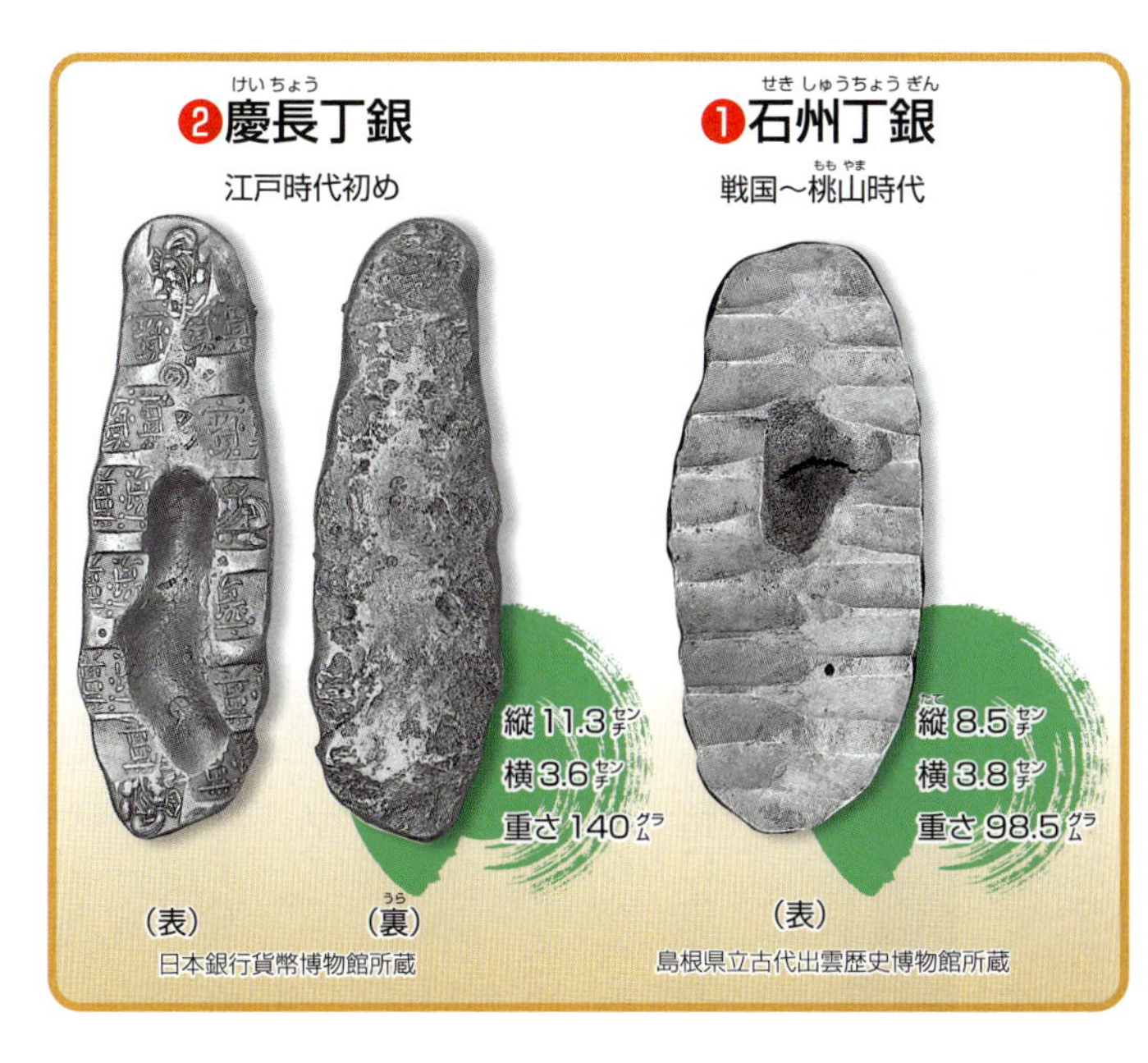

❶石州丁銀　島根県立古代出雲歴史博物館所蔵

❷慶長丁銀　日本銀行貨幣博物館所蔵

先生「他の地域では、丸形やひし形があったり、1枚の貨幣に含まれている銀の量が違ったりしたんだ。」

さとる「銀ははかりで重さを量って使ったんだよね。」

しおり「今のお金みたいに見た目ですぐ分からないから計算が大変そう。」

先生「だから家康は大きさや重さ、銀を含む割合などをそろえた貨幣を造らせたよ（＝写真②）。江戸や京都にあった、貨幣を造って発行する場所は『銀座』と呼ばれたんだ。」

しおり「東京の銀座の地名はその名残ね。」

さとる「ということは、江戸時代になると銀山では貨幣が造られなくなるの？」

先生「そうなんだ。銀山の銀は、毎年11月頃に京都の銀座へ輸送されて、そこで貨幣になるんだよ。」

さとる「鞆ケ浦（大田市仁摩町）や温泉津（同市温泉津町）の港から運ぶの？」

先生「尾道（広島県尾道市）の港まで、約130キロを3泊4日かけて馬や牛が運ぶんだ。」

しおり「尾道からはどうするの？」

先生「尾道からは船に積んで、港を経由しつつ大坂まで運び、そこから京都や江戸へ輸送したよ。」

しおり「瀬戸内海は波も穏やかだから安心ね。」

さとる「石見銀山の銀が銀座で貨幣に生まれ変わり、全国に出回っていたんだね。」

もっと知りたい

銀貨のデザインは？

海にすんでいるナマコのような形で「丁銀」と呼ばれたよ。丁銀には貨幣を造る責任者・大黒常是の名前にちなみ、七福神の大黒さんの姿と、「常是」「寶（宝）」の文字が刻まれていたよ。

銀の輸送模型(ゆそうもけい)　石見銀山資料館所蔵

13時間目 地役人の武士が銀山管理

江戸時代、石見銀山では多くの武士たちが知識を生かして、銀山の管理に当たっていたよ。武士にはどんな役割があったのかな？

先生「徳川幕府が直接支配する全国の『天領』では政務を担う代官と、それを補佐する十数人の役人（手附・手代）が支配に当たっていたんだ。」

しおり「どんな仕事をしていたの？」

先生「地域から年貢を集めたり、今の警察や裁判に関わるような仕事をしたりしていたよ。」

さとる「銀山を管理するには専門的な知識が必要だから、相当勉強しないと難しいんじゃないかな。」

先生「そうなんだ。しかも代官とその役人た

代官が銀山を訪れ、地役人に最近の間歩の状況や銀山の様子などを報告させる場面　個人蔵

ちは数年の周期で交代するからね。だから銀山の仕事に専任する『地役人』と呼ばれる武士を採用して、子孫代々その任に当たらせていたよ。」

しおり「銀山を管理するプロフェッショナル集団ね。」

先生「そうだね。全国の天領でも地役人が置かれた場所は少なく、銀山支配の特徴の一つなんだ。」

さとる「地役人は何人くらいいたの？」

先生「約100人いたよ。代官所の中で働く人もいれば、間歩の入り口に設置された役所に詰めている人もいたんだよ。銀座への銀の輸送も地役人の大切な仕事の一つさ。」

しおり「1日どのくらい働いたの？　お休みはあったの？」

先生「仕事はだいたい午前9時から午後3時までで、残業することもあったみたい。休日は元日、端午（5月5日）や七夕（7月7日）などの節句の日くらいかな。」

しおり「休みが少なくて大変そうね。」

先生「仕事の後にはお茶や生け花、俳句などをして過ごしていたよ。そこでは身分を超えて町人や山師（＝間歩の経営者）と一緒に楽しむこともあったんだ。」

さとる「銀山のふもと、大森の町では武士が商人、職人らと共に暮らしていたんだね。」

もっと知りたい

地役人の仕事内容は？

間歩の中では採掘状況の検査や作業の指示をしたよ。銀鉱石を製錬するときに立ち会ったり、採掘にかかるお金を計算したりするのも大切な役割だったんだ。銀の輸送には責任者として銀座まで同行したよ。

14時間目 地役人、商人らと軒接し生活

地役人の役割を学んださとるとしおり。今回は地役人たちが住み、働いた町を見に行くことにしたよ。

先生「今日は江戸時代に代官所があった場所に行ってみよう。」

さとる「代官所はどんなところだったの?」

身分や職業にかかわらず家々が並ぶ。左側は商人や職人の家で、右側は塀に囲まれた地役人の家＝大田市大森町

先生「天領や銀山を支配する上で中心となる、今でいう市役所のような場所だったんだ。敷地内には代官や部下の役人(手附・手代)が住む家もあったよ。」

しおり「ここが代官所が置かれていたところね。入り口には立派な門があるわ。」＝写真

先生「門は約200年前、1815(文化12)年に建てられたものなんだ。」

さとる「代官所の建物は残っているの?」

先生「残念ながら建物はないけれど、表門とそれに続く門長屋が現存するのは、ここを含めて

全国に3カ所しかないんだよ。」

さとる「貴重なものなんだね。」

先生「今、敷地内には石見銀山資料館が建っているよ。次は代官所跡を出て、大森の町を歩いてみよう。」

しおり「地役人はどこに住んでいたの？」

先生「大森の町の中に住んでいたんだ。家の周りに塀をめぐらして、奥まったところに家屋が建てられているのが特徴だよ。」

さとる「あれ？　道に面して建てられている家もあるね。」

先生「それは商人や職人たちが住んでいたところだよ。」

しおり「城下町のように身分や職業によって住むエリアを分けず、みんな軒を接して暮らしていたのね。」

さとる「商人たちは代官所とつながりがあったの？」

先生「もちろん。代官所の仕事を代行したり、代官所に用事のある人の滞在先となったりするところもあったよ。江戸時代に最も有力な商家で、国指定の重要文化財になっている熊谷家＝写真＝には地下蔵もあるんだ。」

しおり「代官所の大切な荷物やお金を預かっていたのね。」

さとる「大森の町並みを歩くと、代官所と町に暮らしていた人に深い結びつきがあることが分かるね。」

もっと知りたい

熊谷家って？

代官所の仕事を代々担った商家だよ。代官所に納められる税金の窓口を担ったり、代官所で必要な備品を調達したりしたんだ。江戸時代後期には家業として問屋や酒造などの商売をしていたよ。

15時間目

人々の命救った井戸代官

石見銀山を取り仕切った代官で、多くの人々の命を救った人がいるよ。今日は井戸平左衛門(1672〜1733年)について学ぼう。

さとる「石見銀山で一番有名な代官は誰なの?」

先生「第19代代官の井戸平左衛門かな。」

井戸平左衛門　井戸神社所蔵

しおり「『いも代官』と呼ばれていたのよね。」

先生「そう。1731(享保16)年に石見国(現在の島根県西部)の天領や銀山を支配する代官に任命され、薩摩国(現在の鹿児島県)からサツマイモを取り寄せたよ。」

しおり「1732(享保17)年の『享保の大飢饉』のときだったのよね。」

さとる「飢饉ってどういう状態のことなの?」

先生「食料が急激に不足して、多くの人々が栄養不足になったり、飢え死にをしたりする状態のことだよ。享保の大飢饉は長雨や冷夏、害虫の大発生で、西日本では稲作に大きな被害が出たんだ。」

さとる「お米が不足したときに、サツマイモの栽培を始めて飢えに苦しむ人を救ったんだね。」

先生「石見国だけでなく、井戸代官が任された天領の備後国（現在の広島県東部）や備中国（現在の岡山県西部）もくまなく歩いて、被害に応じて年貢を減らし、住民から感謝されたんだ。」

さとる「ヒーローのような存在だね。」

先生「井戸代官が亡くなると、恩恵を受けた人々は命日にお寺で法要を行ったり、お金を出し合って供養や感謝の気持ちを示す石碑を建てたりしたんだ。」

さとる「石碑はどこにあるの？」

先生「島根県内だけでなく岡山県など、合計500基を超える石碑が確認されているよ。」

しおり「そんなにたくさん！　井戸代官が取り寄せたサツマイモは多くの人々の役に立ったのね。」

先生「代官所のあった大森では1879（明治12）年に、井戸代官を祭神とする神社が建てられたんだ。」

さとる「井戸代官は神様になって、今でも人々を見守っているんだね。」

もっと知りたい

井戸神社ってどんなところ？

神社入り口の額の文字は、幕末から明治にかけて活躍した有名な政治家、勝海舟が書いているよ。今でも井戸代官の残した恩恵に感謝して、年2回例大祭が行われ、秋には本殿にサツマイモが奉納されるんだ。

春の例大祭の様子

勝海舟が書いた井戸神社の額　井戸神社所蔵

16時間目 排水用の間歩掘り銀確保

江戸時代に産銀量がどのように変化し、銀を確保するためにどんな工夫がされていたんだろう。

さとる「戦国時代から間歩を掘り続けたら、石見銀山の銀を掘りつくしてしまわないの？」

しおり「それに奥深くまで掘り進めば、わき出た地下水で間歩にたくさん水が溜まってしまうわ。採掘が難しくなりそう。」

先生「そう。江戸時代に入ると水没して採掘できない間歩がたくさんできてね。それを解消しようと、排水を目的とした間歩が掘られるようになるんだ。」

しおり「排水用の間歩はどこに掘ったの？」

先生「水が流れ出やすいように銀を採掘している間歩より標高の低い場所だよ。排水が進むと採掘がはかどり、産銀も目に見えて増えていったんだ。」

さとる「でも、間歩を余分に掘るからたくさんお金もかかりそう。」

先生「江戸幕府からばく大な資金を借りたんだ。」

さとる「産銀量を確保するために幕府も協力したんだね。」

しおり「間歩が奥深くなると崩れやすくならないのかな？」

先生「二重に掘り進めたり（二重穴）、石で岩盤を補強したり（石留）したんだ。どちらも他の銀山にはないオンリーワンの技術なんだよ。」

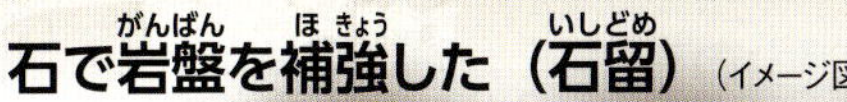

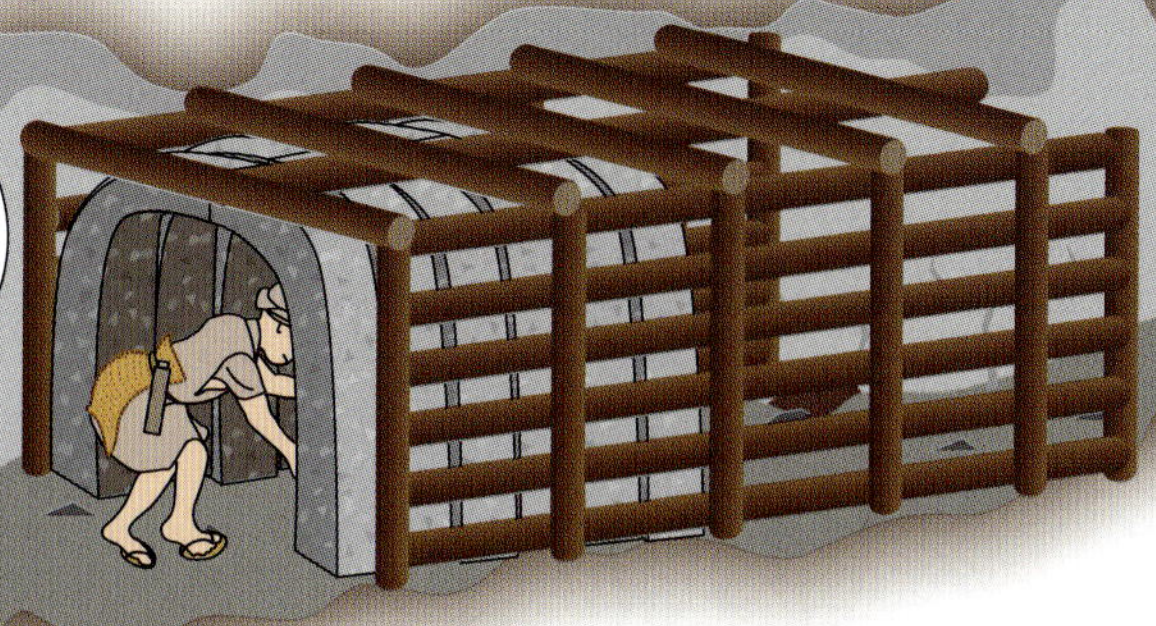

さとる「腐りにくいクリの木で崩れそうなところを支えたりもしたんだよね。」

先生「そう。代官所は周辺の村々から計画的にクリの木を調達したり、銀山にクリの苗を何万本も植林してまかなったりしたんだ。」

しおり「間歩を掘り続けるためにいろいろな工夫がされていたのね。」

先生「それでも間歩が深くなればなるほど採掘にお金がかかっていったんだ。それに銀山の成り立ちの特徴から地表近くに比べて、地下深くにある銀鉱石は含まれる銀の量が少なくなるからね。」

二重に掘り進めた（二重穴）（イメージ図）

参考：『銀山社会の解明』

さとる「産銀量はどんどん減っちゃうね。」

先生「幕末には1年間に約80キロしか採れなくなるんだ。8時間目（25ページ）で学んだ釜屋間歩では13トン以上の銀を幕府に納めていたから…。」

さとる「最盛期の1％未満にまで減ったんだね。」

しおり「銀山は盛衰を繰り返しながら江戸時代の終わりに向かうのね。」

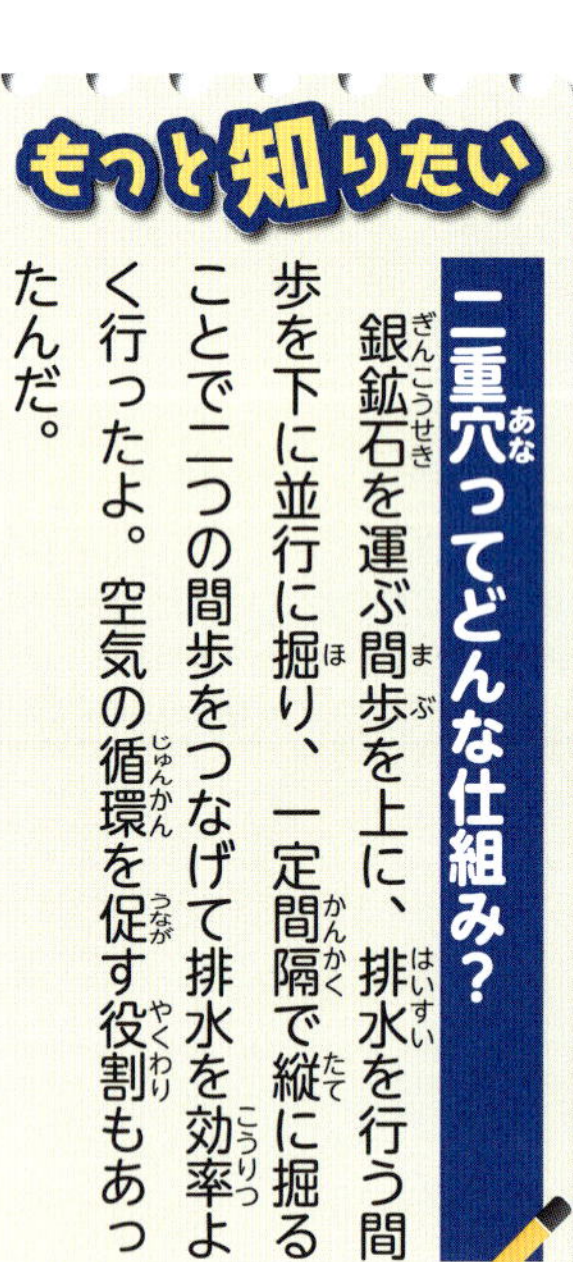

もっと知りたい

二重穴ってどんな仕組み？

銀鉱石を運ぶ間歩を上に、排水を行う間歩を下に並行に掘り、一定間隔で縦に掘ることで二つの間歩をつなげて排水を効率よく行ったよ。空気の循環を促す役割もあったんだ。

17時間目 働き手確保へ手厚い支援

産銀量が減ったり、労働環境が悪くなったりすると、働く人は少なくなっていくよ。代官所は働き手を確保するためにさまざまな支援策を考えたんだ。

さとる「江戸時代、仙ノ山には何人くらい住んでいたの？」

しおり「『銀山旧記』によると、産銀量が最盛期を迎えたころは20万人近くが住んでいたのよね。」

先生「江戸時代の中頃以降は平均1500人くらいかな。働き手の数を維持するのは大変だったんだ。」

さとる「人口が増えた年と銀がたくさん採れた年は一致するの？」

先生「そうだね。全国の銀山から技術者がやってきたり、周辺の村々から出稼ぎにきたりしたよ。」

しおり「逆に産銀量が減ると、働く人は他の銀山に移ってしまうのね。」

先生「飢饉や、はやり病で働き手が減った年もあったんだよ。」

さとる「仕事は専門的な知識や技術を必要とするから一気に人が減ると困るね。」

しおり「代官所は何か手だてを打ったの？」

先生「男の子が生まれると、2歳から10歳まで1日米3合（約450グラム）ずつ支給して成長の手助けを行い、人材を育てたんだ。」

さとる「小さいころから採掘や製錬の様子を見ていたら自然と仕事を覚えるね。」

しおり「でも、間歩が深くなるほど鉱石の粉が舞って、螺灯（明かり）の煙も立ち込めてくるから過酷な労働環境だわ。」

さとる「20代の若さで肺の病気になる人も多かったと聞いたことがあるよ。」

先生「間歩内の環境を改善するために、間歩の入り口から送風機で薬草の蒸気を送り込んだり、口内を除菌するために、外側に柿渋を塗り内側に梅肉を挟んだマスク＝写真＝を考案したりしたよ。」

間歩の外から農具の唐箕を連結させた送風機を使って、薬草の蒸気を送り込むことで環境改善が期待された
石見銀山資料館所蔵

しおり「いろいろな対策が練られたんだね。」

先生「さらに、労働者が病気になったら生涯にわたり本人やその家族に玄米を支給して生活を保証したりもしたよ。」

さとる「代官所は働き手を確保するために手厚くサポートしていたんだね。」

石見銀山資料館所蔵

もっと知りたい

病気になったら？

代官所からお見舞いとして、保養薬になるみその原料（大豆、糀、塩）が渡されたよ。病気にならないように、天気のいい日は相撲をして、体を鍛えることが奨励されたんだ。

18時間目 明治維新で長州藩が占領

250年以上続いた江戸時代も終わりを迎えるよ。明治維新は石見銀山にとっても大きな節目となったんだ。

先生「石見銀山は江戸時代の終わりには天領ではなくなってしまうよ。」

さとる「どういうこと？」

先生「江戸幕府への政治批判の高まりから、周防国と長門国（ともに現在の山口県）を拠点とした長州藩が幕府軍を攻め込むのは知ってるかな？」

しおり「うん。そこから大政奉還が行われ、明治政府が成立するのよね。」

さとる「そのときに長州藩が銀山にも攻めて来たの？」

先生「そう。1866（慶応2）年7月に大森代官所まで進軍してきたよ。」

さとる「代官は戦って抵抗しなかったの？」

先生「役人と一緒に代官所を手放して逃げ出したんだ。」

しおり「代官所には役人を含めても数十人だけだから勝ち目がないものね。」

さとる「確か長州藩主の先祖は戦国時代に銀山を支配した毛利元就だ

毛利元就が祭神の豊栄神社＝大田市大森町

よね。長州藩はゆかりのある銀山を占領後どうしたの？」

先生「元就を祭神とする豊栄神社を整備するんだ。でも、銀の採掘にはあまり興味を示さなかったよ。」

しおり「産銀量が少ないから？」

先生「それが一番の理由だよ。ほかにも、銀山の経営が幕府の資金に頼りきりだったことも問題視したんだ。」

さとる「長州藩は採掘量が減少している銀山に多くのお金をかけるのはもったいないと思ったんだね。」

しおり「明治時代に入ると銀山はどうなるの？」

先生「政府は佐渡（新潟県）や生野（兵庫県）などにある採掘量が見込まれる大きな金銀山は直接経営をし、外国人の技術者を招いて西洋の先端技術の導入を推し進めるよ。」

さとる「石見銀山はその対象から外れるんだね。」

先生「残念ながらそうなんだ。明治時代前期は、地元の有力者らが細々と銀山の経営を続けていくようになるよ。」

しおり「石見銀山にとっても明治維新は激動の出来事だったのね。」

もっと知りたい

豊栄神社ってどんなところ？

江戸時代は長安寺というお寺だったよ。長州藩が毛利元就の木像が安置されているのを発見し、1870（明治3）年、元就を祭神とする豊栄神社になるんだ。瓦には毛利家の家紋が刻まれているよ。

瓦に刻まれている毛利家の家紋（○で囲んであるのが家紋）
＝大田市大森町

19時間目 民間が銅山に大規模開発

明治時代に入り、石見銀山は銅山に生まれ変わるんだ。民間の会社が大規模に開発し、採掘や製錬も近代化が進んでいくよ。

先生「1886（明治19）年、大阪の藤田組（現在のDOWAホールディングス）が、石見銀山を『大森鉱山』という銅山として再出発させるんだ。」

しおり「銅山？」

先生「実は江戸時代後半、すでに銀山では銀より銅が多く採られていて、海外にも輸出していたんだ。」

しおり「藤田組はどんな会社なの？」

先生「全国で土木建設や電力、新聞などの事業を手掛けた大きな会社で、鉱山経営も行っていたよ。」

さとる「間歩の掘り方も変わってくるの？」

先生「そう。間歩を水平に掘るだけではなく、垂直に掘り進め、これまで手が付けられなかった空間をくまなく大規模に採掘したよ。」

しおり「手作業では無理ね。機械が必要になるわ。」

先生「藤田組は採掘はもちろん、排水ポンプや鉱石の運搬などを機械化し、機械を動かす電力を作る発電所も建てたんだ。」

江戸時代と明治時代の間歩の掘り方の違い（イメージ図）

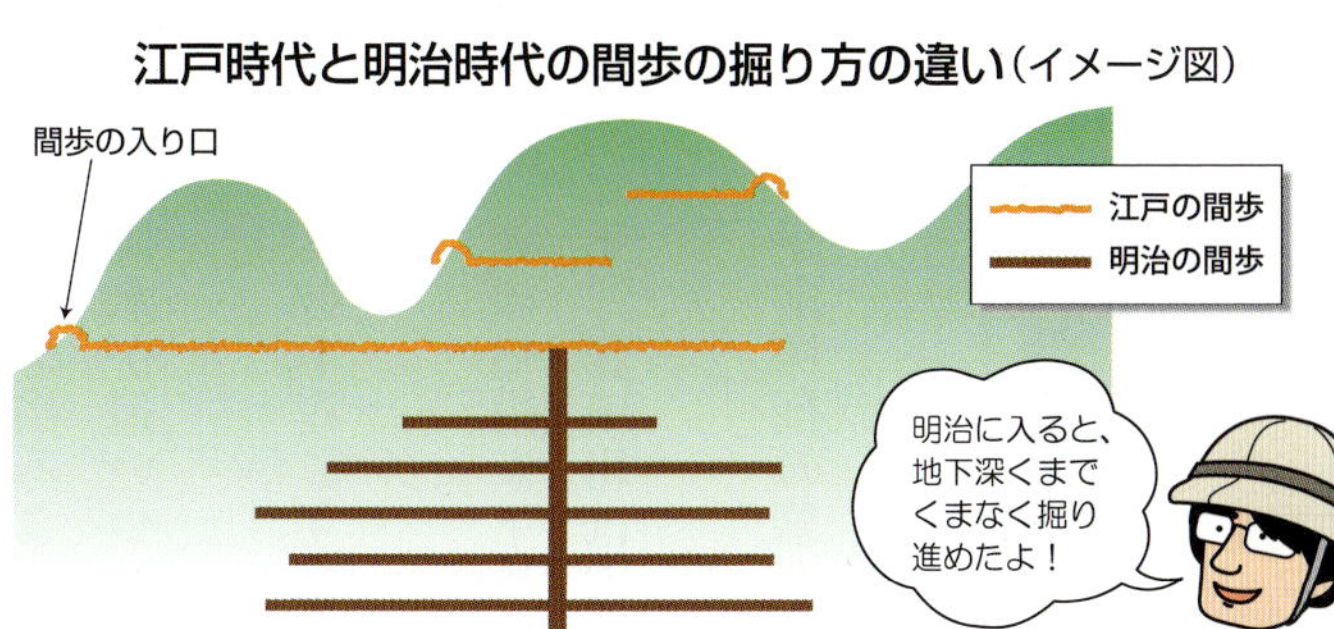

さとる「鉱石を砕いたり製錬したりするのも機械で行われたの？」

先生「もちろん。なかでも唯一遺跡が残る清水谷製錬所＝写真＝は20万円、現在の価値で数億円もの大金をかけて建てられたよ。」

明治28、29年ごろ　個人蔵

しおり「作業の効率化を図るため積極的に設備の近代化を進めたのね。」

先生「そのかいもあって、1917（大正6）年には、金130.8キロ、銅478トン、銀4.6トンの生産量を誇り、中堅クラスの鉱山にまで回復したよ。」

しおり「技術の進歩で金も取り出せるようになったのね。」

先生「でも地下300メートルくらいまで採掘が進むと、40～50℃の地下水が大量に湧き出るようになってね。熱いうえに、次第に排水が追いつかなくなるんだ。」

さとる「長時間、温泉の中で作業をするような感覚だね。のぼせちゃうよ。」

先生「排水に資金がかさみ、銅の値段が下落したことも重なって、1923（大正12）年、藤田組は大森鉱山の採掘を断念するよ。」

しおり「約400年にもおよぶ石見銀山採掘の幕が閉じられるのね。」

もっと知りたい

清水谷製錬所って？

1895（明治28）年に山裾の傾斜を利用して建設されたよ。でも、設計上の問題や鉱石の品質が予想以上に悪かったため、開始から1年程度で停止されるんだ。現在、施設跡地を見ることができるよ。

20時間目

保存活動実り世界遺産に

約400年の採掘の歴史に幕を閉じた石見銀山。その後、銀山や住民たちはどうなるのかな？　世界遺産登録への道のりはここから始まるよ。

さとる「石見銀山は採掘が断念された後、どうなるの？」

先生「多くの人は仕事を探しに別の鉱山へ移り住んでいくよ。」

しおり「にぎやかだった銀山もさびれていくのね。」

先生「好転のきっかけは、1957（昭和32）年に地元住民でつくる大森町文化財保存会の結成にあるんだ。日本を代表する銀山の遺跡を保存しようと、ガイドブックを作りPRしたり、県に遺跡の調査研究を依頼したりして、1969（昭和44）年に国史跡の指定へ導くよ。」

さとる「後世に残すべき日本の文化財として認められたんだね。」

先生「さらに、地元住民は代官所の跡地にあった建物を活用し、石見銀山資料館を開館したよ。」

さとる「銀山に伝わる採掘の道具や銀鉱石など、貴重な資料も保存できるようになったんだね。」

先生「1987（昭和62）年には、国が貴重な景観が残る大森の町並みを保存しようと、『町並み保存地区』に選定したんだ。」

しおり「そのおかげで、江戸時代からほとんど

石見銀山資料館

大森銀山
重要伝統的建造物群
保存地区

形を変えない町の姿が今でも見られるのね。」

先生「そんな折に、島根県の澄田信義知事（当時）が『世界遺産登録を目指したい』と発言し、注目を集めるんだ。1996（平成8）年から、発掘や古文書などの本格的な調査が進められたよ。」

さとる「みんなが世界遺産登録を目指して動きだすんだね。」

先生「その結果、**❶銀を採掘、製錬した跡が良好に残る ❷銀生産から運搬までの全体像が明らかである ❸世界的に重要な経済、文化交流を生み出した**、この三つの価値が評価されて、2007（同19）年に世界遺産に登録されたよ。」

石見銀山の世界遺産登録を記念し、くす玉を割って喜びを分かち合う関係者ら＝2007年7月、大田市大田町、市役所

世界遺産登録を祝い、ちょうちんを手に町並み保存地区を練り歩く大田市民たち
＝2007年7月、大田市大森町

しおり「長年にわたる調査と整備が実を結んだのね。地元の人たちの喜びもひとしおだね。」

先生「そうだね。次の時間からは世界遺産登録を果たした石見銀山の三つの価値を一緒に学んでいこう。」

もっと知りたい

町並み保存地区って？

正式には重要伝統的建造物群保存地区と呼ぶよ。2019年11月現在、118カ所が選定。大森では国の支援で158軒の建物が修理され、昔の町の姿が守られているよ。県内は他に温泉津と津和野があるんだ。

21時間目 銀生産の跡、きれいに残る

2007年、石見銀山遺跡は国内で14番目に世界遺産に登録されたよ。国連教育科学文化機関（ユネスコ）が銀山を世界遺産に登録した理由を学ぼう。

しおり「石見銀山が世界遺産に登録されたのはユネスコに三つの価値が評価されたからよね。」

さとる「一つ目の『銀を採掘、製錬した跡が良好に残る』ってどういうこと？」

先生「ユネスコが世界遺産登録のために設けた10個の基準のうち**『文化的伝統または文明の、唯一のまたは非常にまれな証拠を示しているもの』**に当てはまるんだ。」

しおり「う〜ん、難しくてよく分からない。」

先生「銀山では、発見された戦国時代から長く続いた江戸時代まで、機械ではなく人の手によって採掘、製錬が行われていたね。今でもその証拠を至るところで見ることができるんだ。」

さとる「知ってる！ ぽっかりと口を開けた小さな

製錬が行われた工房跡を発掘調査する担当者＝2001年2月、大田市大森町宮ノ前

間歩がたくさんあったよ。」＝写真

しおり「龍源寺間歩の壁には丁寧に掘り進められた跡を見ることができたわ。」

先生「それらが昔ながらの手作業で採掘した証しだね。」

さとる「それなら灰吹法も伝統的な製錬作業といえるね。」

しおり「釜屋間歩の隣にあった大きな岩盤を加工した製錬施設が貴重な証拠になるわ。」

先生「そうだね。他にも発掘調査では地中から銀を製錬した炉の跡がいくつも発見されたよ。」

さとる「仙ノ山には人工的に造られた平らな土地がたくさんあったけど、多くの遺跡が土の中で長い間大切に保存されていたんだね。」

先生「住宅や製錬工房跡は1千カ所以上も確認されているんだよ。」

しおり「こうしてみると銀山には、伝統的な技術で銀を生産した跡がきれいな状態で残っているわね。」

先生「その上で、石見銀山は高品質で大量の銀が生産された、世界的にも珍しい場所だからね。」

さとる「まさに世界遺産にふさわしい遺跡というわけだね。」

もっと知りたい

明治以降の大規模開発で遺跡は壊されなかったの？

多くの施設は仙ノ山から少し離れた場所に建設されたんだ。また、採掘は地下深くが中心だったため、江戸時代までの遺跡は運よく良好な状態で守られたよ。

22時間目 銀生産の跡と暮らし共存

今回は石見銀山が世界遺産に登録された二つ目の理由を学んでいこう。

さとる「世界遺産の登録には、国連教育科学文化機関（ユネスコ）が定めた10個の基準のどれかを満たす必要があるんだよね。」

しおり「二つ目の価値の『銀生産から運搬までの全体像が明らかである』は何に当てはまるの？」

先生「これも難しい表現になるけれど**『人類の伝統的な集落や、土地や海の利用、環境との関わりを示す、優れた実例』**に当たるんだ。」

さとる「具体的にはどういうこと？」

先生「21時間目（54ページ）で勉強したように、仙ノ山には銀生産の証拠がたくさんあったよね。」

しおり「採掘や製錬の跡がきれいに残っていたわ。」

さとる「それが土地の利用を示しているの？」

先生「まず一つにはね。でも、それだけではないんだ。戦国時代に、銀を運び出した二つの『銀の道』があったのは覚えているかな？」

しおり「6時間目（21ページ）で学んだわ。」

さとる「銀鉱石を鞆ケ浦港（大田市仁摩町）へ運び出した道と、銀山で必要な物資が水揚げされた温泉津港（同市温泉津町）へ銀貨幣が流れた道だね。」

しおり「なるほど。銀の道や港が土地利用の証拠になるのね。」

先生「そう。それに銀の道の周りには、戦国大名の銀争奪戦の舞台となった山城跡も残っているんだ。」

しおり「でも、港町は今も人が住んでいるから、遺跡という感じはしないわ。」

先生「その姿こそ、銀山の繁栄によって町ができて、時代を超えて人々が生活してきたことを伝える何よりの証拠になるんだ。」

大田市温泉津町の町並み。歴史的な景観と人々の暮らしが一体となっている（2010年撮影）

さとる「こうしてみると、銀を生産して運び出すまでの全体像が良く分かるし、それを遺跡や景観から実感することができるね。」

先生「このように地域の歴史や自然、地形と、そこに暮らす人々がうまく共存してできた風景を『文化的景観』というんだ。」

しおり「だから世界遺産の登録名は『石見銀山遺跡とその文化的景観』になっているのね！」

もっと知りたい

文化的景観って何だろう？

自然と人間の暮らしとが一体となっている風景や、地域の人々の生活を理解するために欠かせない景観のことだよ。石見銀山は鉱山遺跡と豊かな自然環境が一体となっているところが世界的に貴重とされているんだ。

23時間目 銀を通し世界とつながり

石見銀山の銀が世界や日本に大きな変化をもたらすきっかけとなったよ。三つ目の価値をひもとこう。

しおり「『世界的に重要な経済、文化交流を生み出した』は世界遺産の基準の何に当てはまるの？」

先生「三つ目の価値は**『ある期間や文化圏において、人類の価値の重要な交流を示すもの』**に当たるよ。」

さとる「人類の重要な交流？」

先生「石見銀山で灰吹法が導入された16世紀、銀の多くは朝鮮半島や中国へと輸出されるんだ。」

しおり「東アジアの貿易で銀が利用されたのね。」

先生「同じ頃、ポルトガル人やスペイン人は、アフリカ、アジア、アメリカ大陸へ航海を行っていたよ。」

さとる「コロンブスやバスコ・ダ・ガマが活躍した大航海時代だね。」

先生「そのとき、世界中でお金として使われたのが銀なんだ。」

しおり「世界中から銀山が注目されるようになったのね。」

先生「アメリカ大陸ではスペインがポトシ（ボリビア）などの銀山を採掘するようになるんだ。」

さとる「ヨーロッパの人たちは銀で何を買ったの？」

先生「中国製品の生糸などや東南アジアの香辛料（スパイス）だよ。」

しおり「日本で銀が採れることも知られたの？」

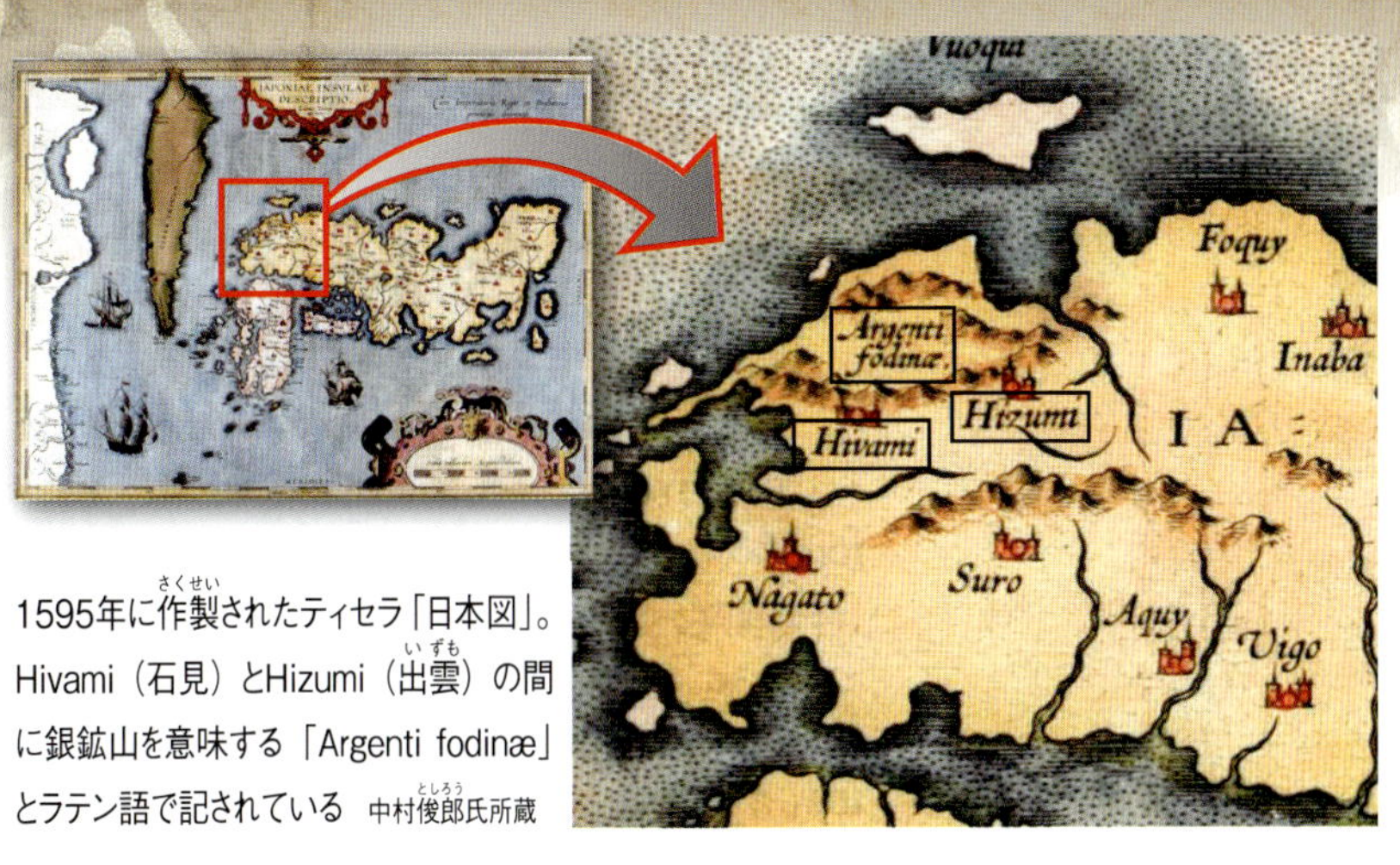

1595年に作製(さくせい)されたティセラ「日本図」。Hivami（石見）とHizumi（出雲(いずも)）の間に銀鉱山を意味する「Argenti fodinæ」とラテン語で記されている　中村俊郎(としろう)氏所蔵

先生「そう。いち早く目をつけたのがポルトガルなんだ。」

さとる「鉄砲(てっぽう)やキリスト教の伝来も、銀と関係があるのかな？」

先生「そう。日本の銀を求めて訪(おとず)れたポルトガル人は1543（天文(てんぶん)12）年に鉄砲を、6年後にはキリスト教を日本に伝えたよ。」

しおり「そこからヨーロッパと、日本を含(ふく)めた東アジアとの交流が始まっていったのね。」

先生「1595（文禄(ぶんろく)4）年にポルトガル人が作った日本地図には、石見銀山の位置に『銀鉱(ぎんこう)山』と正確(せいかく)に記されているんだ。」

さとる「石見銀山の存在(そんざい)はこの時代にはヨーロッパに知れ渡(わた)っていたんだね。」

しおり「銀が世界とのつながりをつくったきっかけになったのね。」

もっと知りたい

ポルトガル語を語源(ごげん)にした言葉は？

カボチャ　cambоja（カンボジャ）
タバコ　tabaco（タバーコ）
カステラ　castella（カスティーリャ）
テンプラ　tempero（テンペーロ）

新しい文化との出合いは日本人に大きな影響(えいきょう)をもたらしたんだね。

24時間目 平和続き外国文化広がる

石見銀山の発見をきっかけにヨーロッパとの交流が始まった日本。食べ物や日用品などに大きな影響を与えたよ。それは江戸時代だからこそできたんだ。

しおり「ヨーロッパの船が来るようになると日本はどう変化したの？」

先生「例えば、日本の銀と交換するために中国で安い生糸を買い付けて持ち込んだよ。」

しおり「生糸は何に使われたの？」

先生「新しい織物技術も入ってきて、京都の西陣などで生糸を用いた織物が作られたよ。」

しおり「伝統的な西陣織の基礎は銀貿易があったから築かれたのね。」

先生「他にもニンジンやジャガイモ、カボチャなどの野菜も石見銀山発見以降に初めて輸入されたんだ。」

さとる「それまでは日本になかったんだね。」

先生「サツマイモも輸入先の地名を取って『唐（中国）芋』と呼ばれたんだ。」

さとる「それを井戸代官が享保の大飢饉のときに石見国へ取り寄せたんだね。」

しおり「他にはどんなものが日本に輸入されたの？」

先生「実は、望遠鏡やメガネも、この頃初めて日本に入ってきたんだ。」

さとる「メガネが輸入品とは知らなかったよ。」

先生「最初は高級品として扱われたよ。でもだんだんに国内で作られるようになり、誰もが使えるようになったんだ。」

しおり「銀を通じて日本にやってきた輸入品が、国内の産業や文化に影響を与えたり、国産化されて全国へ広がっていったのね。」

さとる「どうして外国の農産物や日用品が広まったの？」

しおり「金銀銅がたくさん産出されたから？」

先生「それも理由の一つだよ。もう一つは、江戸時代が『徳川の平和』と呼ばれるほど平和で安定した世の中だったからなんだ。」

しおり「確かに江戸時代に大きな戦がなかったわ。」

さとる「戦国時代なら新たな物事に目を向ける余裕がないよね。」

しおり「平和だからこそ、日本の隅々にまで新しい文化が浸透したのね。」

さとる「石見銀山の発見から物事を見ていくと、平和を考えるヒントにもつながっているなんて、まさに世界遺産にふさわしい遺跡なんだね。」

もっと知りたい

「徳川の平和」はどういう意味？

徳川幕府が天下泰平をもたらしたことで、265年間にわたり続いた平和な時代のこと。産業、文化、芸術などの分野で独自の発展が遂げられ、社会が成熟したよ。明治時代に近代化を迎えるうえで、基礎をつくったとされるんだ。

25時間目 銀山の魅力伝えていきたい

先生とさとる、しおりと一緒に学んできた「おしえて石見銀山たんけん隊」は今日が最後の授業。3人とこれまでを振り返り、世界に誇れる銀山の未来について考えていこう。

先生「石見銀山遺跡のことを1年間勉強してきたけれど、どんなことが印象に残っているかな。」

さとる「僕は銀山の発見をきっかけに、日本とヨーロッパとの交流が始まったことに驚いたよ。」

しおり「鉄砲やキリスト教の伝来といった、教科書に出てくる出来事が、銀山と深くつながっていたなんてね。」

さとる「石見銀山をはじめとする日本の銀山から世界を動かすほどの銀が産出していたんだもんね。」

子どもたちの石見銀山に関する活動

保全活動に励む子どもたち

銀山学習をする大田第一中学校の生徒たち

温泉津港とともに栄えた沖泊を歩き歴史を学ぶ子どもたち

しおり「私はその銀が小さな間歩から掘り出されていたことにびっくりしたわ。」

さとる「それだけ高品質で大量の銀が仙ノ山の地下に集まっていたんだね。」

しおり「龍源寺間歩でノミの跡を見ると、昔の人の息づかいまで聞こえてきそうな気がしたの。」

さとる「何気ない平らな土地も、人が住んでいた跡だって知ると、見方が変わってきたよ。」

しおり「まるで遺跡全体がタイムカプセルで保存されているように感じたわ。」

さとる「しかも、それが自然やそこに住む人たちの暮らしと一体となっていたよね。」

しおり「地元の人たちが大切にしてきたからこそ、世界遺産の登録が実現したということがわかったわ。」

先生「これから2人はどんなことを学んでいきたいかな。」

しおり「私はもっと世界遺産について知りたいわ。そこに世界中の人たちと仲良くするためのヒントがある気がするの。」

さとる「僕は石見銀山の歴史に興味があるな。それで銀山の魅力をたくさんの人に伝えたいんだ。」

先生「これからもみんなで勉強していきましょう。」

さとる・しおり「は～い。これからの銀山はわたしたちが守っていかないといけないね。」

石見銀山クイズ

問①世界遺産っていくつある?

Ⓐ約100件　Ⓑ約500件　Ⓒ約1,100件

問②銀山の地下には1トンあたりおよそ何グラムの銀が含まれていた?

Ⓐ0.07グラム　Ⓑ1グラム　Ⓒ300グラム

問③銀山を発見したのは誰?

Ⓐ神屋寿禎　Ⓑ大内義興　Ⓒ尼子晴久

問④銀山の間歩の平均的な大きさは?

Ⓐ縦80センチ×横40センチ　Ⓑ縦120センチ×横60センチ
Ⓒ縦200センチ×横100センチ

問⑤銀山の専門的な仕事に子孫代々あたった武士は?

Ⓐ奉行　Ⓑ代官　Ⓒ地役人

問⑥間歩が崩れないように支えとして利用された木は?

Ⓐクリ　Ⓑタケ　Ⓒスギ

問⑦石見銀山が世界遺産に登録された年は?

Ⓐ1969年　Ⓑ1987年　Ⓒ2007年

クイズの答え　問①. Ⓒ約1,100件　問②. Ⓒ300グラム　問③. Ⓐ神屋寿禎　問④. Ⓑ縦120センチ×横60センチ
問⑤. Ⓒ地役人　問⑥. Ⓐクリ　問⑦. Ⓒ2007年

タイムスリップ

2007年7月2日、石見銀山遺跡（大田市）は「石見銀山遺跡とその文化的景観」という名前で、世界遺産に登録されました。「週刊さんいん学聞」は残っている少ない資料を基に、銀を掘り進めた通路・間歩を再現しました。真っ暗な中、どんな人が、どうやって銀を掘り出していたのでしょうか。タイムスリップして、みんなで間歩の中をのぞいてみましょう。

龍源寺間歩の内部

道具「留木」（とめぎ）
間歩の中の通路が崩れないように木や石を使って支える

仕事「手子」（てご）
10歳前後の男の子。壊れた道具を取り換えるために運んだり、交代の銀掘を呼びに行ったりする。給料は現在のお金で5時間で約2千円

道具「唐箕」（とうみ）
酸欠状態にならないように空気を送る送風機。稲のもみ殻を飛ばす農具を改良してつくる

世界遺産に登録された三つのわけ

- 石見銀山の銀が世界の経済や文化に大きな影響を与えた
- 間歩や製錬所の遺跡が良好な状態で残っている
- 銀を生産してから運び出すまでの全体像がよくわかる

御取納丁銀
（島根県立古代出雲歴史博物館所蔵）

もっと知りたい②
厳しい労働環境

採掘時に石の粉を吸って肺の病気になることがあったんだ。外側に柿渋をぬり、内側に梅肉を挟んだマスクをして、石の粉を吸わないように工夫をしたよ。

もっと知りたい③
銀生産の全体像

銀山を中心として山城跡、銀の道、港の保存状態がよく、かつて栄えた銀山の町や港町が今でも地域住民の生活の場となっているよ。人間と自然が一体となった世界でも珍しい緑豊かな銀山なんだ。

監修：藤原雄高
※イラストは実際の間歩とは異なる部分があります

銀採掘 間歩に
間歩の気温は
一年中 10℃前後
縦120チセン
幅60セチン
「柄山負」(がらやまおい)
掘り出した不要な石(柄山)を運ぶ人。わらで作った袋に約30キロの石を入れ、運ぶこともあった
地下水を外に流し出す溝
もっと知りたい①
銀山で働く
江戸時代は全て手作業で、銀掘1日24時間5交代制が基本。
1858(安政5)年、龍源寺間歩では銀掘24人、手子10人、柄山負5人の合計39人が働いていたよ。
銀鉱石
石見銀山の銀鉱石はやわらかくて不純物が少ないのが特徴
螺灯(らとう)
サザエの貝殻にごま油を入れ、火をともし、わずかな明かりで作業を行った
「水吹子」(みずふいご)
わき出す地下水をくみ上げる、竹や木製のポンプ
山鎚
鉄子
山箸
「銀掘」(かなほり)
銀鉱石を掘る人。山箸で鉄子を挟み、山鎚でたたいて削る。
5時間で約30センチ掘り進む
しきまつ
わらで編んだ敷物
足半(あしなか)
ぞうりの前半分のもの。ぬれてもすべりにくい

後編 親子で石見銀山歴史散歩

1 石見銀山の奪い合い（争奪戦）
2 石見銀山親子ハイキング＆ドライブ

プロローグ

週刊さんいん学聞『おしえて石見銀山たんけん隊』が、最終回として終わった日、平成30年（2018）3月21日(水)の朝のことです。歴史大好きの松江市内小学校5年生マアちゃんは、切り抜き記事帳（スクラップブック）を、居間のテーブルの上で開きながら、まだパジャマ姿の、歴史マニアと自称するお父さんに向かって話しかけました。

マアちゃん「お父さん、残念だよ。今日でこの連載が終わっちゃった。わかりやすくて、おもしろかったし、すごく勉強になったよ。」

お父さん「マアちゃんはとても熱心な愛読者だったね。」

マアちゃん「でも、むずかしくて、わかりにくいところもいろいろあったよ。それに、もっとくわしく知りたいところもあったよ。特に銀山の歴史かなあ。」

お父さん「そうだね。マアちゃんの素直な感想だねえ。」

マアちゃん「お父さん。来月から6年生になるんだ。社会科で歴史の勉強も始まるんだよ。」

お父さん「よし、それじゃあこの機会に、マアちゃんと石見銀山の歴史について、この『おしえて石見銀山たんけん隊』をハンドブックにして、お父さんもいっしょになって、勉強を深めていこうかなあ。」

マアちゃん「やったー!!」

銀山の発見はいつ？

マアちゃん「お父さん、石見銀山はいつ発見されたの？」

お父さん「マアちゃん、そのことだけどね。実はお父さんが学生時代のころには、『銀山旧記』という、江戸時代後期に書かれた資料によって、大永6年（1526）3月のこととされていたんだ。その時、石見国を領地として支配していたのは、周防国（今の山口県）を本拠地とする守護、大内氏。周防国どころか、長門国（山口県）安芸国（広島県）筑前国（福岡

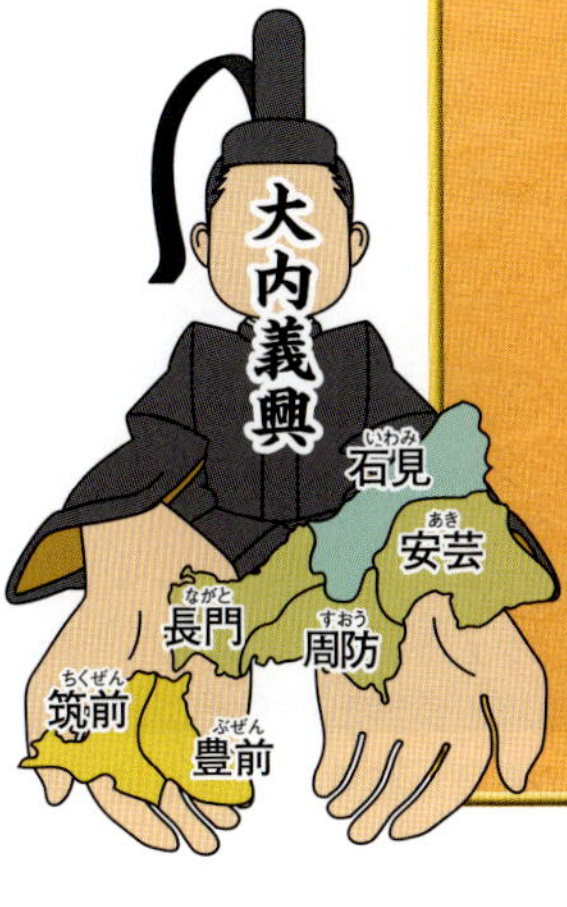

県）豊前国（大分県）そして石見国（島根県）の合計6か国も、牛耳っていた西日本ナンバーワン。当主の大内義興は、永正14年（1517）に石見国の守護になっている。」

マアちゃん「大内氏は、石見銀山のある石見国まで手をのばしていたんだね。うん、それで。」

お父さん「『おしえて石見銀山たんけん隊』3時間目（15ページ）にも書いてあるように、博多（今の福岡市）の神屋寿禎が、出雲国の鷺銅山（今の出雲市大社町）へ向けて銅を買う途中、石見銀山（仙ノ山・標高537m）を発見したんだ。」

マアちゃん「おもしろいお話だね。」

発見!!
鷺銅山
石見銀山
博多

お父さん「ところが近年、小林准士氏の研究によって銀山が発見されたのは、大永7年（1527）ではないかという説が出た。研究者の間ではこの説が有力らしいよ。」

マアちゃん「へえー、そうすると、一年あとになるね。どうして？」

お父さん「大田市大森町の清水寺所蔵の寛永2

仙ノ山

馬路沖上空から見た石見銀山（↓仙ノ山）

年（1625）棟札（お寺の建物が新築や修理された時、建築主や年月日などを記して、棟木に打ちつける板の札）から。この棟札に銀山発見について『或人曰（ある人が言うには）大永七年丁亥以降掘（1527年よりのちから銀を掘り始めた）』と書かれているんだ。」

マアちゃん「ふーん、そうだったのか。」

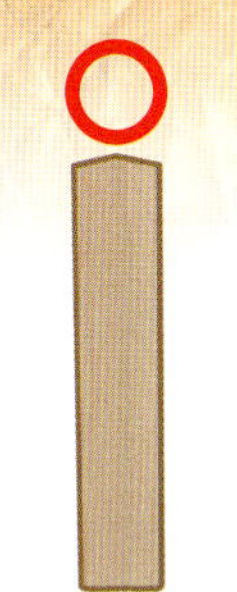

清水寺棟札
大永7年（1527）

銀山旧記
大永6年（1526）

銀山旧記には、
大永６年（1526）３月
清水寺の棟札には、
『大永７年（1527）よりのちから
銀を掘り始めた』
と書かれているんだ。

清水寺棟札　清水寺に残る、寛永2年の棟札。
大田市の清水寺所蔵、島根県立古代出雲歴史博物館写真提供

お父さん「マアちゃん、『歴史』とか『歴史学』というのは、この『銀山発見』についても言えるけど、研究が進むと、それまで考えられていたこと（『定説』・『通説』）が変わるんだよ。次にお話しようとする『銀山争奪戦』についても、そうなんだ。」

マアちゃん「へえー。」

清水寺

1 石見銀山の奪い合い（争奪戦）

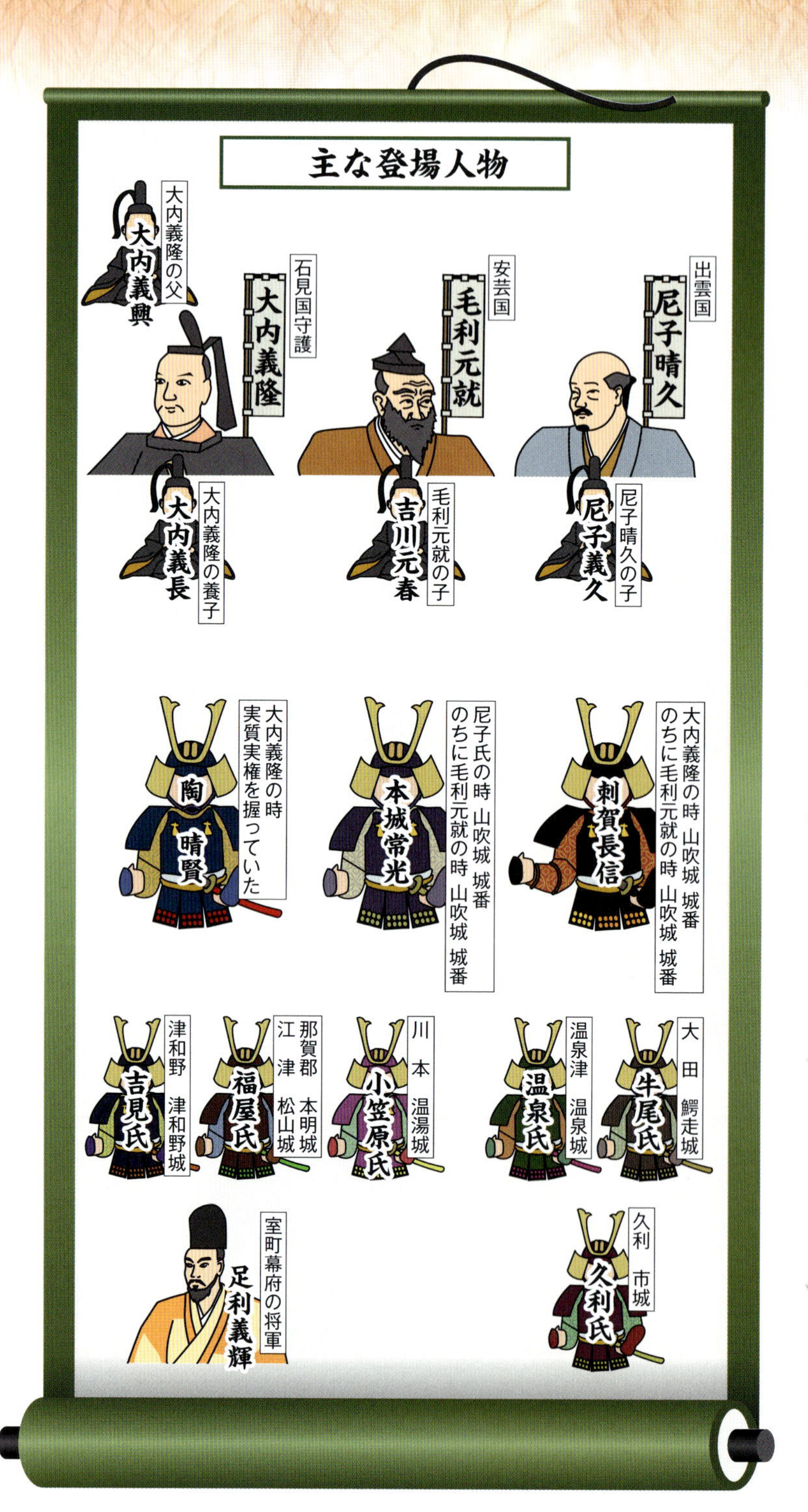

石見銀山の奪い合い（争奪戦）

お父さん「この『銀山旧記』は200年以上経った江戸時代後半に書かれた編さん物で、どうしても、大げさに表現したり、実際の状況とはちがった解釈をしたり。つまり事実誤認もあるそうだ。以前は、この資料に書かれている内容から『銀山争奪戦』が、語られていたけどね。」

マアちゃん「それではお父さん、実際の姿を語ってほしいなあ。」

お父さん「じゃあ、この本『平成30年度石見銀山遺跡関連講座記録集』の中に書かれている『「石見銀山争奪戦」と戦国大名（伊藤大貴氏）』と『石見銀山学ことはじめI（仲野義文氏）』（P52～P55）を教材にして、説明していくからね。ちょっとむずかしいけど、マアちゃん、いいかね。」

マアちゃん「うん、そのつもりで、がんばって勉強するよ。」

1 大内氏の内部で対立し、混乱の時代

マアちゃん「まず銀山を最初に支配したのは大内氏だね。」

お父さん「そうだね。永正14年（1517）大内義興は石見国守護になった。そしてその10年後大永7年

（1527）石見銀山が発見された。」

マアちゃん「ということは、その頃、大内氏は、山吹城（標高414mの要害山に築かれた山城）を築いて銀山つまり仙ノ山に目を光らせる〝支配の拠点〟にしたのかねえ。」

お父さん「やがて、義興は銀山発見とされる年の翌年、1528年死去し、息子の義隆が当主となる。義隆は銀山近くを治める代官（邇摩郡代）に任せずに自分の直接の家臣を関与させて、支配する形をとるんだ。」

山吹城跡

左：山吹城跡、右：仙ノ山　山吹城は銀山支配のために築かれた。

島根県教育委員会発行『石見銀山遺跡総合調査報告書　ダイジェスト版』より

享禄4年（1531）時点

鰐走城
石見城
矢筈城
温泉城
櫛山城
鵜丸城
三ツ子山城
物不言城
矢滝城
殿村城
松山城
丸山城
出雲市
大田市
大内義隆
山吹城
石見銀山
高城
享禄４年（1531）
小笠原氏
温湯城
飯南町
江津市
川本町
美郷町
邑南町

マアちゃん「大内義隆の時代の始まりだね。」

お父さん「この頃から、川本（今の邑智郡川本町）の温湯城主　小笠原長隆も動きが活発になって享禄4年（1531）には大田方面まで手をのばして（大田市祖式町の高城）いるけど、銀山は獲得していない。一方、出雲国の尼子氏も、天文10年(1541)3月には大田郷(大田市大田町)、そして天文12年(1543)9月には久利郷(今の大田市久利町)まで進出して大内氏方の久利氏と戦った(久利の市城)けど、天文9年(1540)~10年(1541)毛利氏の居城、安芸国郡山城(広島県安芸高田市)を攻めることに失敗したので、以後、石見への進出する力は弱くなったんだ。」

マアちゃん「大内義隆の銀山一人占めだね。」

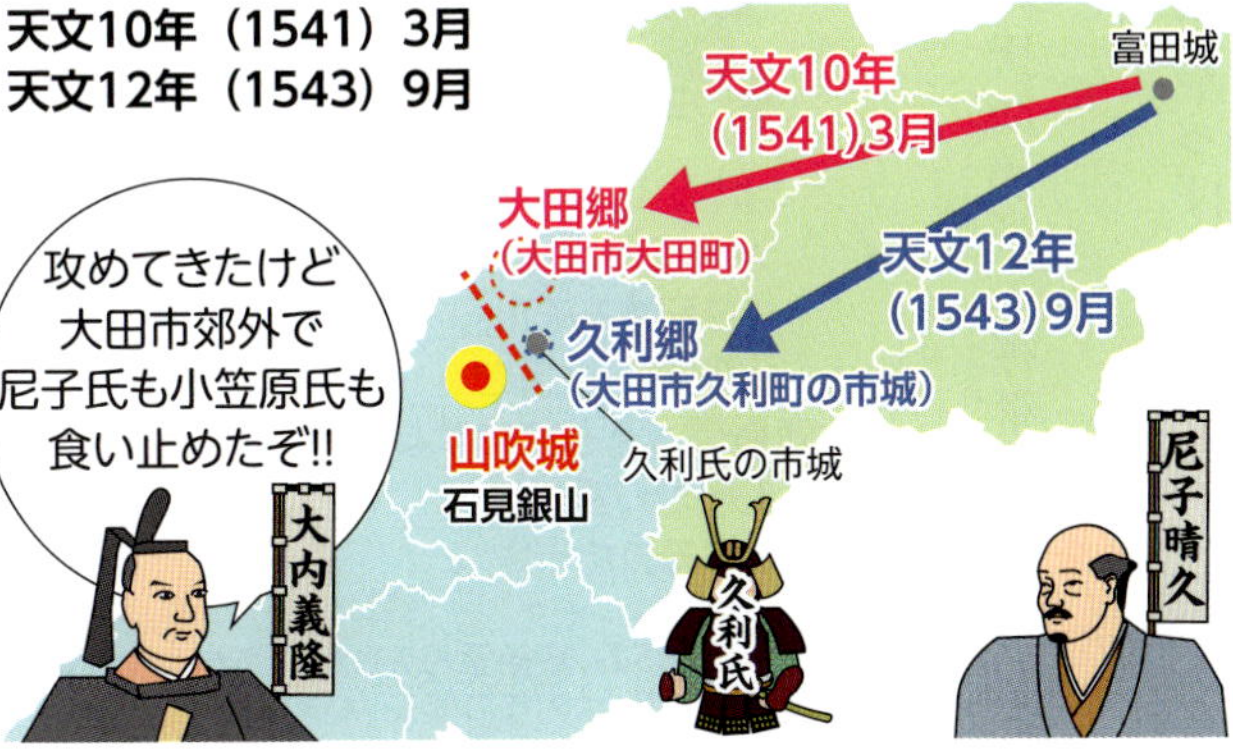

お父さん「ところが、義隆は毛利元就とともに、天文12年(1543)出雲国の尼子氏の居城、月山富田城(安来市広瀬町)攻めに失敗。この敗戦後、義隆のリーダーシップが弱くなって、大内氏内部で家臣同士が対立するようになる。そして尼子氏は再び石見へ進出する。」

マアちゃん「おや、まあ。」

お父さん「ついに、天文20年(1551)9月1日、義隆は対立していた家臣 陶晴賢(元は隆房)のクーデターによって攻められ、長門国(山口県)の大寧寺(長門市)で自刃。」

マアちゃん「ざっと計算すると、大内義隆の時代は約23年になるね。さあ、そうなると陶氏の時代になるね。」

お父さん「いや、大内氏の当主義隆は亡くなったけど、実権をにぎった陶晴賢は、天文21年(1552)豊後国(大分県)の戦国大名大友義鑑の息子、晴

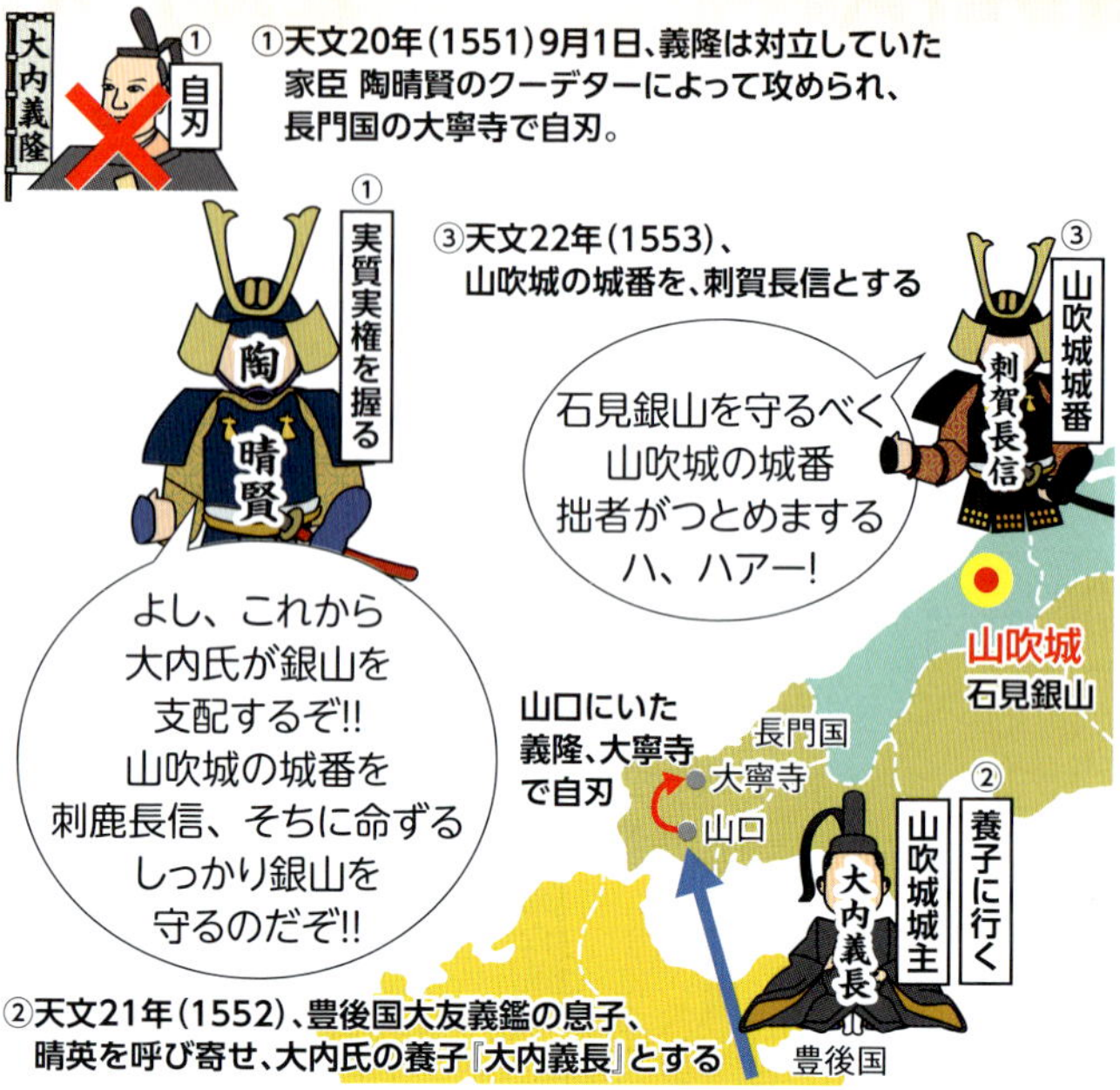

英を呼び寄せ、大内氏の養子・後継者『大内義長』としたんだ。」

マアちゃん「じゃあ、やっぱり、石見銀山を支配する大内氏時代にはちがいないね。実質は陶氏だけど。」

お父さん「そうだね。大内氏は天文22年(1553)には、銀山の山吹城の城番（城を任された役目）を、安濃郡刺賀郷（大田市久手町刺鹿）を本拠地（領地）とする刺賀長信に命じている。」

マアちゃん「そうやって、大内氏時代は平和に続くのかあ。」

お父さん「いや、そうじゃなかったんだ。それまでの強力な権力者大内氏ではないから、大内氏の混乱と弱体化をグッドタイミングとみて、石見国の中で小笠原氏（今の邑智郡に勢力）と福屋氏（那賀郡、今の浜田市旭町・金城町・江津市有福温泉町に勢力をもつ）という地元の領主（国人）同士が、自分の領地を拡大しようと戦を始めたんだよ。」

マアちゃん「上からの『重し』がなくなったんだね。」

お父さん「天文20年(1551)以降、石見国内で、小笠原氏と福屋氏が争うわけだけど、その両者の間に立って、仲介する者が出てきた。」

マアちゃん「ケンカの仲直りをさせる役だね。いったい誰だろう。ひょっとして毛利氏？」

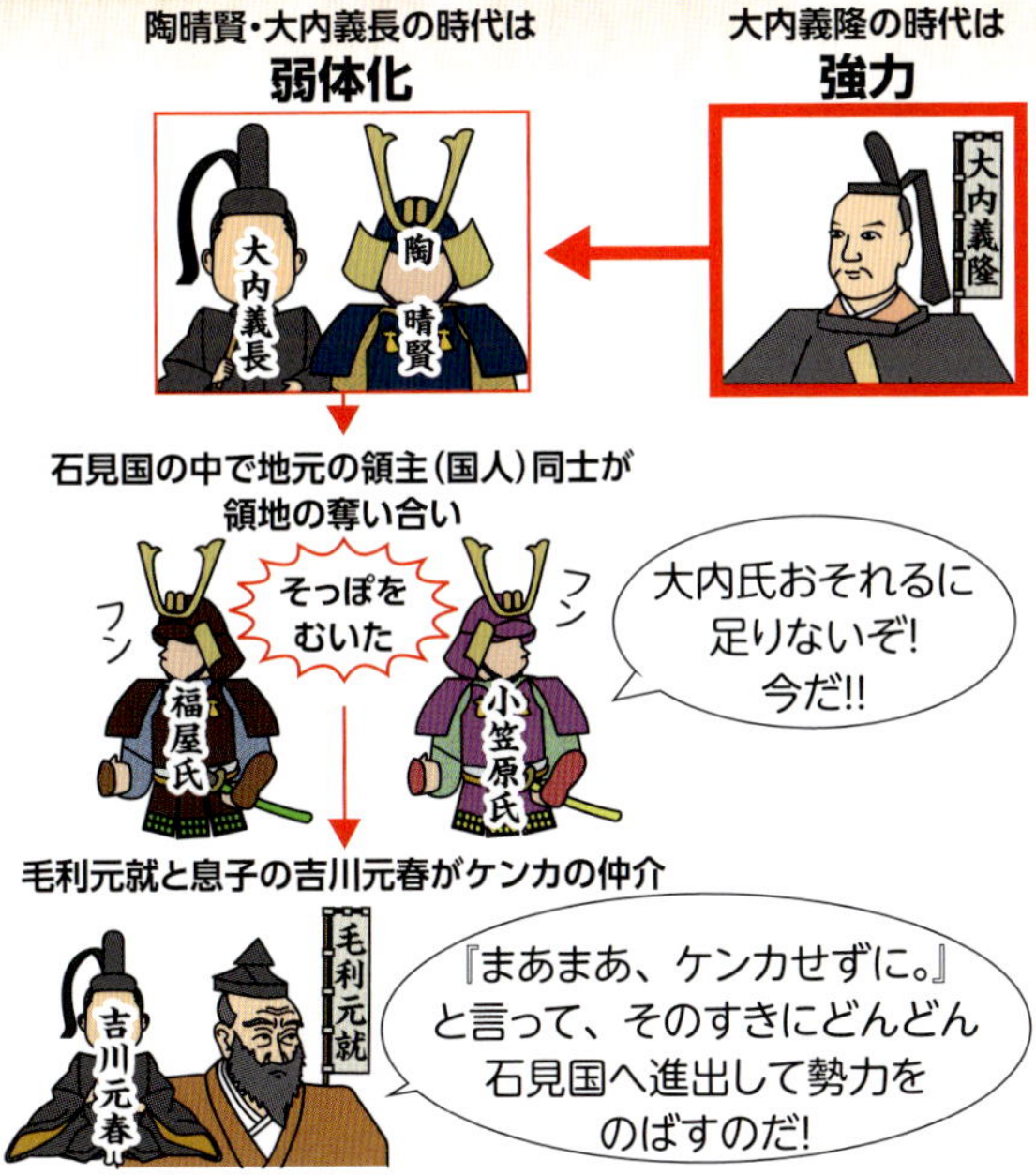

2 毛利氏が入りこんできた ～反大内氏の立場に

お父さん「その通り、なんと安芸国から、仲介役として毛利元就と息子の吉川元春がどんどん石見国へ入ってきた、進出してきたんだよ。毛利氏は石見国の中で勢力をのばしたねえ。」

マアちゃん「毛利氏は、うまい!!」

お父さん「さらに毛利氏がチャンスを生かしたこと。それは大内氏の実権をにぎっていた陶氏と津和野の領主吉見氏は昔から仲が悪かったんだが、天文22年(1553)秋、陶晴賢は津和野の領主の吉見正頼を討とうとしたんだね。そして、吉見氏を攻めるために安芸国（広島県）、備後国（広島県）、石見国（島根県）の領主たちに協力を求めたんだ。」

マアちゃん「ということになれば、当然約10年前、天文12年(1543)、尼子氏を攻める時、連合チームを組んだ毛利氏は、大内氏に味方したんでしょう。」

お父さん「ところが、実際はちがっていた。」

マアちゃん「えっ、どうして。」

お父さん「毛利氏は、その頃、安芸や備後へ攻めこむ動きをしていた尼子氏のことが気にかかったんだよ。そして、いろいろ考えたすえに、ついに天文23年(1554)5月決断した。大内氏に対抗する〝反大内氏〟の立場に変えたんだ。」

マアちゃん「そりゃあ、毛利氏の大決心だね。大転換だね。」

お父さん「そうすると、それをきっかけにそれまで対立していた尼子氏と大内氏は一転して、協力関係になるんだよ。『毛利氏VS大内氏・尼子氏』という新しい対立関係になったんだ。」

マアちゃん「くるくる変わるんだねえ。戦国大名同士の関係は。おもしろくなってきたよ。これからどうなるかなあ。」

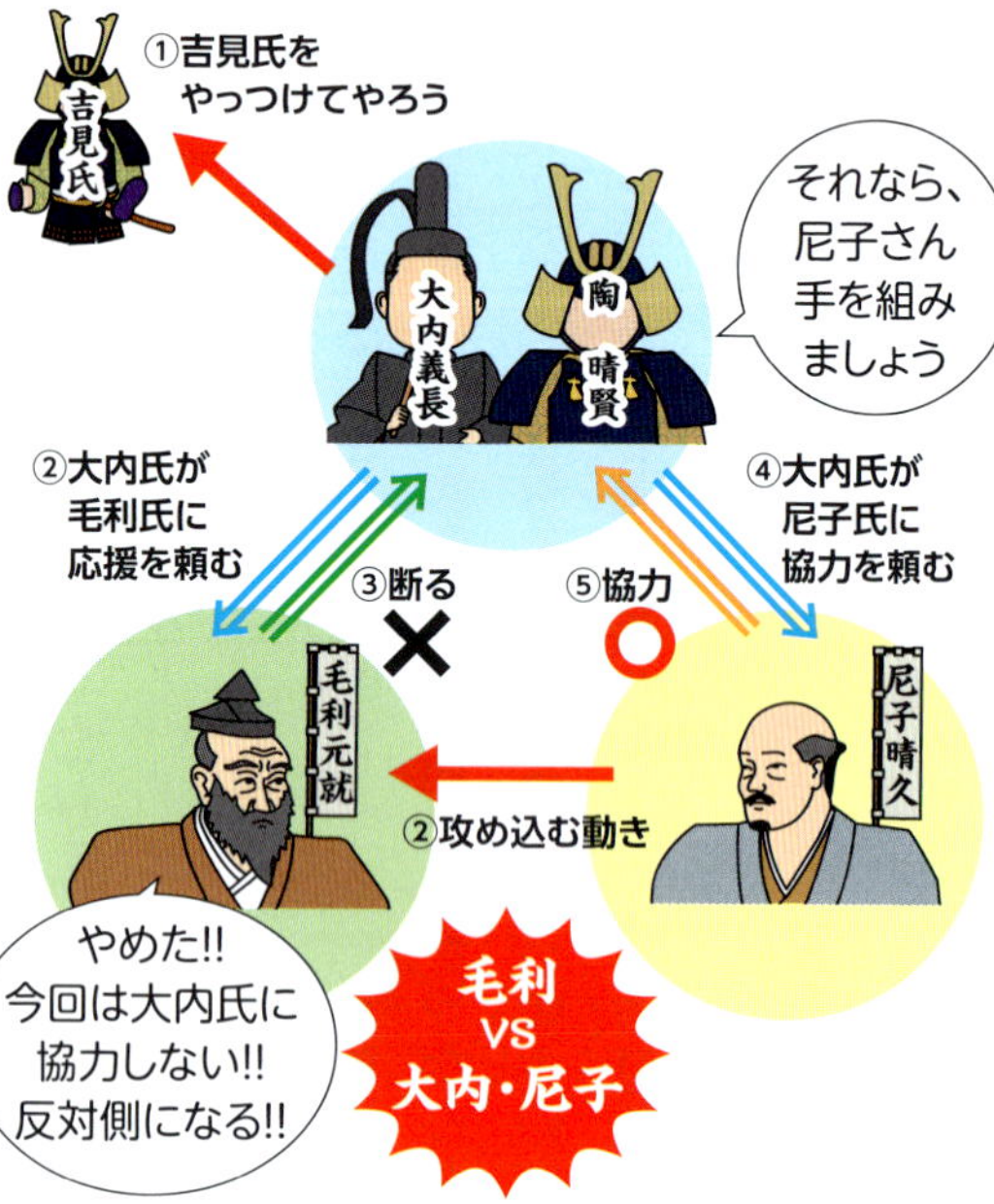

お父さん「やがて、すぐに変化が起きるんだよ。毛利氏が大内氏方(実権は陶氏)に反旗をひるがえした約1年半後のこと。弘治元年(1555)10月毛利元就が厳島(広島県修学旅行先で有名な宮島)の合戦で、陶晴賢を破ったんだよ。」

マアちゃん「それは、大事件だ。これでまた一気に形勢は変わるね。」

お父さん「そうなんだ。その年、弘治元年(1555)の暮れ以降、山吹城にいた武将たちは大内氏方から毛利氏方に移ってしまったようだ。史料によれば、それまで大内氏の山吹城の城番だった刺賀長信が翌年、弘治2年(1556)3月までには、毛利方の一員になったようだ。」

マアちゃん「ということは、石見銀山の支配者は大内氏から毛利氏に交替したことになるね。」

お父さん「そうだね。大内義長（実質、陶晴賢）の石見銀山支配は約4年間ということ。大永7年(1527)銀山が発見されてから、約28年間の大内氏による銀山支配は終わったんだ。」

4 尼子晴久の打開策が成功。ついに銀山を制圧 ～川本の小笠原氏との連携プレイ～

マアちゃん「毛利氏が銀山を奪ったから、周辺の地元石見国東部の領主（国人）たちは、どんどん毛利氏になびいて味方になっただろうねえ。」

お父さん「そう。弘治2年(1556)には川本の小笠原氏と温泉津の温泉城主の温泉氏を除いて、ほとんど毛利方になったようだ。」

マアちゃん「そうなると、苦しくなってあせってくるのは尼子氏だね。がぜん不利な状況になったんだから。」

お父さん「それを打開しようと、尼子氏の当主尼子晴久は自ら、大田へ出陣。」

マアちゃん「さあ、いよいよ、尼子氏の巻き返しだ。」

お父さん「マアちゃんの予想通り、石見銀山周辺で尼子方と毛利方の戦が始まる。例えば、史料によればこの年、弘治2年（1556）3月、石見銀山の入り口付近で合戦。尼子方の小笠原長雄（邑智郡川本の温湯城主）が、自分の部下久利氏（大田市久利の領主）に、よくやったとほめている。」

マアちゃん「小笠原氏といえば、川本の領主だね。どうして小笠原氏と尼子氏は銀山の合戦で仲よく手を結んだのかなあ。」

お父さん「そもそも尼子氏は小笠原氏と連携したかったんだ。ところが川本の小笠原氏と連絡をとりあうため、お互いに行き来をする交通路の中間に、石見銀山が位置している。おまけに、その銀山の山吹城には、毛利方の武将刺賀長信がデンと構えている。」

マアちゃん「そうか。そのじゃまな障害物石見銀山を攻撃して、奪ってしまえば、尼子と小笠原の行き来が楽にできるからねえ。なるほどねえ。」

お父さん「そこで、5月11日には銀山に通じる道沿いで毛利方が尼子氏と合戦。」

マアちゃん「さかんに銀山近くに尼子が侵入しているね。」

お父さん「7月の終わり頃、銀山近くの忍原（大田市川合町忍原）で尼子方に敗北したという知らせが、毛利元就に届いている。」

マアちゃん「尼子方が、じりじりと銀山近くまでやってきて、毛利方不利の感じだねえ。」

お父さん「ついに、9月3日、尼子晴久は山吹城など毛利方の城をおさえたと、尼子方の領主（国人）たちに伝えた。史料が残っていないから、確実ではないけど、8月中旬から9月初めにかけて、尼子氏が石見銀山を制圧したんじゃないか。」

マアちゃん「ということは、毛利元就の銀山支配の期間はわずか一年余りになるね。」

お父さん「そうだね。これは毛利氏にとって大敗北。やがて、銀山をとり返すのは6年後になるから、毛利氏にとっては痛いね。」

マアちゃん「それじゃあ、銀山の山吹城の武将も交替だね。」

お父さん「この年9月に落城した後、城番の武将刺賀長信は温泉津の海蔵寺で切腹。新たに、出雲国須佐（出雲市佐田町）の高櫓城主だった本城常光を城番にしたんだ。」

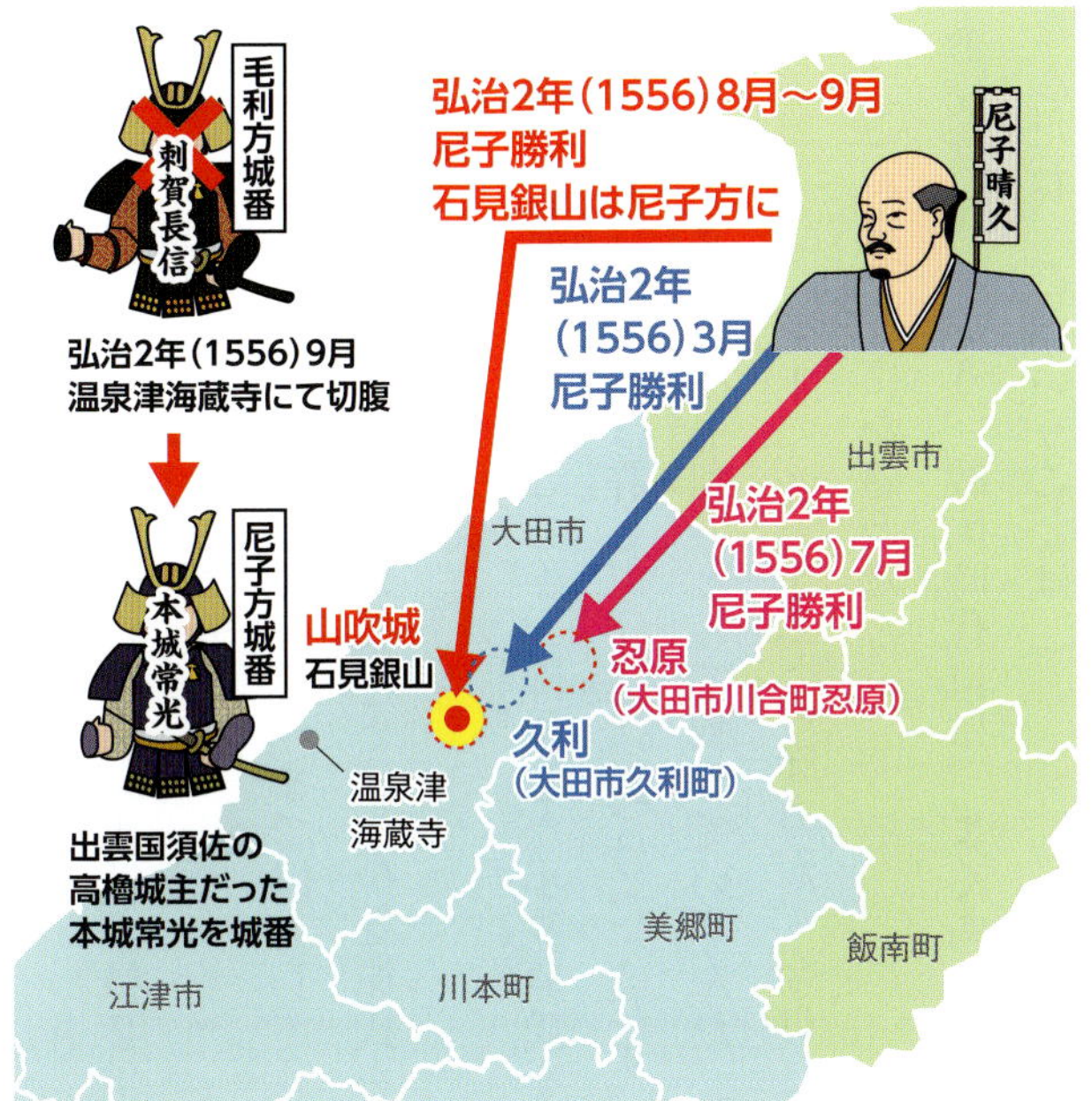

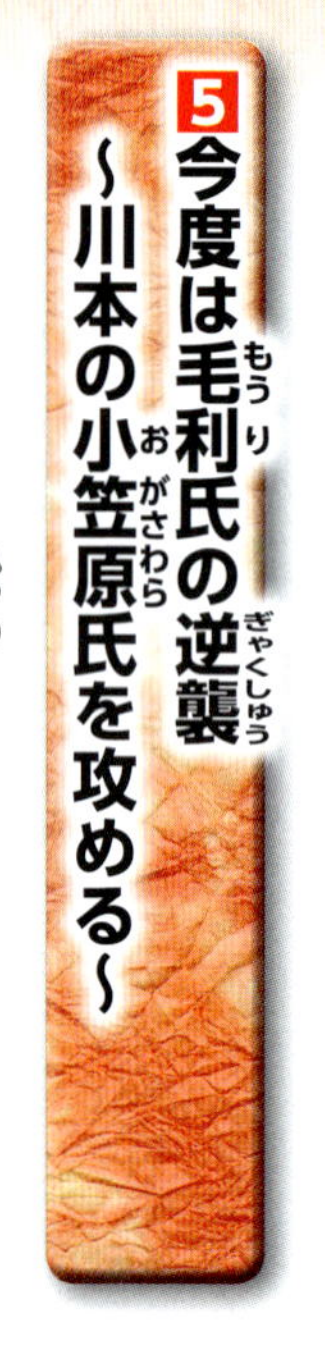

5 今度は毛利氏の逆襲 ～川本の小笠原氏を攻める～

マアちゃん「敗けた毛利氏は、このままおとなしくしていないよね。」

お父さん「そうだよ。敗北の大きな原因をつくったのは、川本の領主小笠原氏だからね。今度は、小笠原氏の領地の中へ攻め込んでいったんだ。そして本拠地、川本の温湯城をとり囲んだ。」

鰐走城
石見城
矢筈城
温泉城
櫛山城
鵜丸城
三ツ子山城
福光城（物不言城）
殿村城
松山城
大田市
山吹城
石見銀山
高城
矢滝城
川本町
温湯城
丸山城
江津市
毛利氏に取り囲まれる
毛利元就
小笠原氏
毛利さん ごめんなさい。

永禄2年（1559）夏
尼子方の小笠原氏、
毛利氏に降参
その後、毛利方として戦っていく。

マアちゃん「ピンチだね。」

お父さん「そして、ついに小笠原氏は永禄2年(1559)夏、毛利氏に降参したんだ。」

マアちゃん「尼子氏としては、今まで協力してくれた頼りがいのあるお友達のような小笠原氏を失って、ショックだねえ。」

お父さん「それどころか、降伏した小笠原氏を毛利方の吉川元春は許して、味方につけたんだよ。そして小笠原氏は毛利方として戦っていくんだ。」

マアちゃん「えー。昨日までの味方が、今日は敵。こんなことになるとは……。」

お父さん「そう、戦国時代には、よくあることなんだね。こういうことは。」

マアちゃん「尼子氏にとっては、痛いねえ。厳しい状況になったねえ。尼子氏としては、これからどうしよう。」

お父さん「尼子氏は別のグッドアイデアを考え出したんだ。」

6 尼子氏と毛利氏が表面上の仲直り

マアちゃん「え？ それは何なの？」

お父さん「室町幕府の将軍足利義輝に、尼子氏と毛利氏の争いの仲介役を頼んだんだ。争いの中に、将軍を引っ張り出して、尼子方の苦しい状況を少しでも打開しようという作戦なんだ。」

マアちゃん「それで、うまくいったの？」

お父さん「やっぱり何といっても将軍だ。毛利氏としても顔を立てなくてはならないから、しぶしぶ交渉に応じた。」

マアちゃん「時間がかかっただろうね。」

お父さん「尼子氏と毛利氏がねばり強く交渉した結果、ようやく永禄4年（1561）12月、和平が成立したよ。小笠原氏が尼子方から毛利方へ寝返ってから、2年以上もかかったことになるね。」

マアちゃん「これで尼子氏はちょっと安心。望みが出てきたね。」

7 せっかく尼子氏と毛利氏の仲直りができたのに…。 ～福屋氏の寝返り～

お父さん「ところが、尼子氏にとって、また、やっかいなことが起きたんだよ。」

マアちゃん「今度は何なの？」

お父さん「福屋氏だよ。」

マアちゃん「福屋氏といえば、旧那賀郡（浜田市）

を中心に勢力をもつ、領主（国人）だったね。確か、昔から邑智郡川本を本拠地とした領主（国人）の小笠原氏と仲が悪かったね。」

お父さん「よく覚えていたね、マアちゃん。実は当時毛利氏方についていた福屋氏にとっておもしろくないのは、永禄2年（1559）宿敵のライバル小笠原氏が、それまでの尼子氏方から寝返って自分と同じ毛利氏方になったことだよ。」

マアちゃん「両者は急に仲良しにはなれないね。」

お父さん「なんと福屋氏は逆のパターンをとった。毛利氏方から寝返って尼子氏方についたんだ。永禄4年（1561）11月頃、毛利氏方の福光城（大田市温泉津町福光）を攻撃。そうやって、尼子氏からの援軍を待っていたんだ。」

マアちゃん「出雲国の尼子氏は、その福屋氏からの要望に応じたの？」

お父さん「いや、尼子氏はせっかく毛利氏と和平が成立していたのに、またややこしくなると困る。毛利氏に対しての配慮から、結局、福屋氏の応援に行かなかったんだ。」

マアちゃん「福屋氏の計算は狂ったね。」

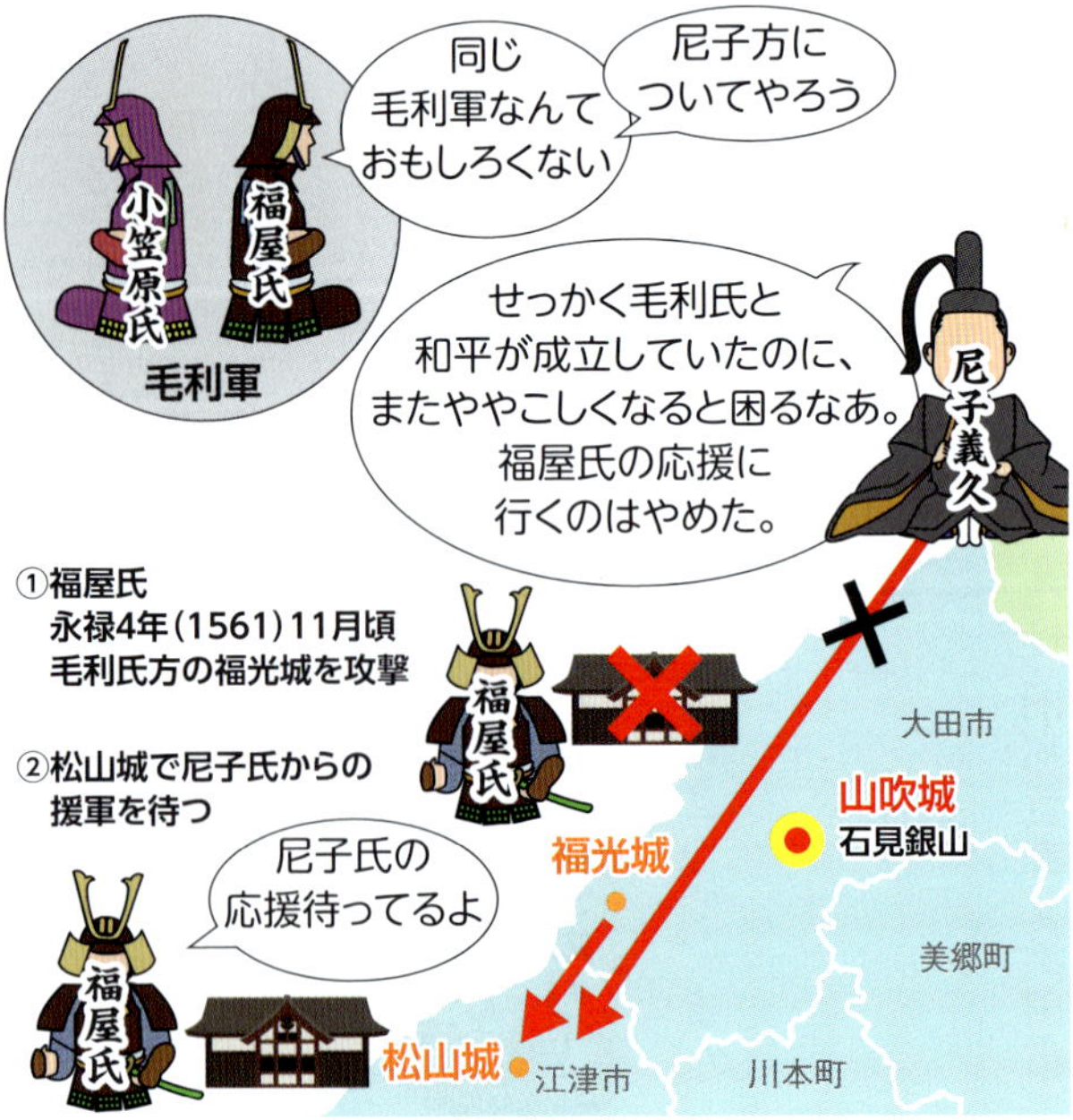

8 毛利氏、再び石見東部で攻撃 ついに銀山を奪い返す

お父さん「尼子氏からの援軍が得られなかった福屋氏は毛利氏から激しい攻撃を受けるんだ。永禄5年（1562）2月には福屋氏の居城松山城（江津市松川町）が攻められた。福屋氏の寝返りをきっかけに、再び毛利氏が石見地方東部で軍事行動を始めたんだよ。」

マアちゃん「劣勢の福屋氏はどうなったの？」

お父さん「たえきれなくなった福屋氏は、とうとう永禄5年（1562）3月、出雲国杵築（出雲市大社町）へ逃げこんでしまったんだよ。」

マアちゃん「これで、ますます毛利氏は勢いづくね。」

お父さん「続いてこの年6月には、今の大田市沿岸に拠点をおいていた温泉津の温泉氏や鰐走城（大田市久手町）の牛尾氏（居城は雲南市大東町三笠城）など尼子方の武将もあいついで撤退した。」

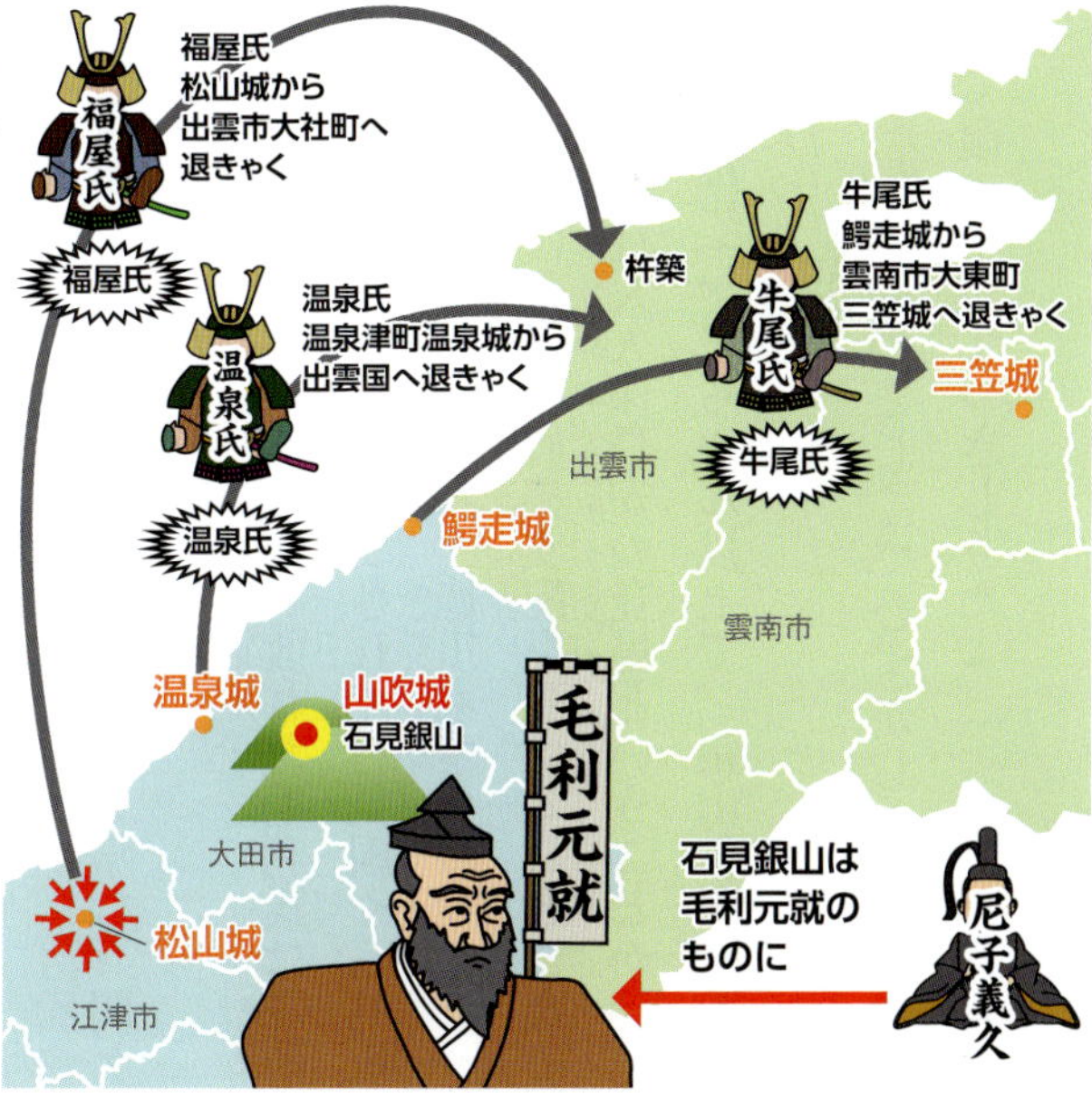

マアちゃん「これじゃあ、山吹城もあぶないね。」

お父さん「そうなんだ。実は城番の本城常光は数年前から、毛利氏の誘いを受けていたらしいけ

ど、この頃、寝返りを決意したらしい。」

マアちゃん「以前大内氏の城番刺賀長信が、そのまま毛利氏の城番をつづけた形になったんだね。」

お父さん「いや、少しの間はそうだったけど、この年永禄5年(1562)秋までに、毛利氏によって本城氏一族は討たれてしまった。」

マアちゃん「戦国の乱世とはいえ、かわいそうに。元々、尼子氏方だったから、信用できなかったのかなあ。」

お父さん「これで石見銀山と山吹城は毛利氏によって完全ににぎられた。もちろん石見東部は毛利氏が完全に制圧したことになる。」

マアちゃん「これで約6年ぶりに、毛利氏が奪い返したことになるね。」

お父さん「めまぐるしい石見銀山争奪戦の終わりだよ。」

マアちゃん「ということは、その後ずっと毛利氏の支配がつづくの？」

お父さん「いや、約40年後の慶長5年(1600)関ケ原の戦いまでだよ。」

マアちゃん「あっ、そうか。敗れた毛利氏は周防長門（山口県）へリストラされて石見国や石見銀山から去っていくもんね。徳川家康の時代になったら、銀山は幕府の直接支配を受けることになるね。銀山奉行大久保長安の登場ということか。」

お父さん「マアちゃん以上で、銀山争奪戦の勉強は終わり。」

マアちゃん「ややこしくてむずかしかったけど、これで頭の中がすっきりしりたよ。」

年	出来事	山吹城の城番	石見銀山の支配者
1517(永正14)	大内義興が石見国守護になる		大内義興
1527(大永7)	石見銀山の発見。この頃、大内氏が山吹城を築いて石見銀山の拠点に		
1528(享禄元)	大内義興死去		大内義隆(約23年間)
1543(天文12)	大内氏の尼子攻め失敗。大内氏内部で対立		
1551(天文20)	9月陶晴賢のクーデターによって攻められ大内義隆自刃 大内義隆に代わって当主は大内義長(陶晴賢が実権をにぎる) 大内氏の混乱。小笠原と福屋の争い。仲介役は毛利元就		大内義長(約4年間)実質は陶晴賢
1553(天文22)	秋、大内氏(陶晴賢)が津和野の宿敵、吉見正頼を討とうとする	大内方の城番、刺賀長信	
1554(天文23)	5月毛利氏は反大内氏に。毛利VS大内・尼子		
1555(弘治元)	10月毛利元就、厳島合戦で陶晴賢を破る。形成逆転、毛利有利に		
1556(弘治2)	3月までには、山吹城の大内氏方の武将、前年暮れ以降、山吹城の武将たち大内から毛利へ(川本の小笠原氏と温泉津の温泉氏以外は毛利方) 尼子氏3月以降、じりじりと銀山近くまで攻める	毛利方の城番、刺賀長信	毛利元就(1年余り)
	8月中旬から9月初め頃、尼子氏が石見銀山制圧 9月尼子氏が山吹城攻略。城番の刺賀長信、温泉津の海蔵寺で自刃		
1559(永禄2)	夏、尼子協力者、川本領主小笠原氏の本拠地、川本の温湯城落城。降伏し毛利方へ	尼子方の城番、出雲国須佐の高櫓城主だった本城常光に交替	尼子晴久(約6年間)
1560(永禄3)	12月尼子晴久死去		
1561(永禄4)	11月毛利方の福屋氏、元々仲の悪かった小笠原氏が同じ毛利方になったことが不満で、尼子方へ寝返り、毛利方の温泉津町福光城を攻撃。尼子方の援軍を待つが来ない 12月尼子氏は将軍足利義輝を間に立てて、毛利氏との和平交渉をしていたのが成立		尼子義久(1年余り)
1562(永禄5)	3月福屋氏は出雲国杵築へ逃亡、毛利氏勢いづく 6月温泉氏、牛尾氏など大田市沿岸部に拠点をおいていた、尼子方武将も撤退 山吹城の本城常光、毛利方へ。秋までに本城一族、毛利氏によってほろぼされる。	城番、本城常光が毛利方の城番へ	毛利元就(約38年間)
1600(慶長5)	関ケ原の戦い		徳川家康

大内氏(約28年間) / 毛利氏(約1年間) / 尼子氏(約6年間) / 毛利氏(約38年間) / 徳川

主な登場する山城

三笠城

雲南市大東町南村

高櫓城

出雲市佐田町反辺

鰐走城

大田市久手町波根西字柳瀬

市城

大田市久利町市原

山吹城

大田市大森町銀山
大田市教育委員会

矢滝城

大田市祖式町矢滝
大田市教育委員会

矢筈城

大田市温泉津町湯里

石見城

大田市仁摩町大国

温泉城

大田市温泉津町湯里

櫛島城

大田市温泉津町櫛島

鵜丸城

大田市温泉津町温泉津

福光城

大田市温泉津町福光

松山城

江津市松川町市村

温湯城

邑智郡川本町大字川本

高城（三隅）

浜田市三隅町三隅

松江市
出雲市
鰐走城
三笠城
雲南市
安来市
市城
高櫓城
石見城
温泉城
大田市
鵜丸城
山吹城
石見銀山
櫛島城
高城（大田）
福光城（物不言城）
矢筈城
矢滝城
美郷町
奥出雲町
松山城（江津）
川本町
飯南町
江津市
温湯城
本明城
邑南町
浜田市
高城（浜田）
益田市
津和野町

２ 石見銀山 親子ハイキング＆ドライブ

① 石見銀山ハイキング ～仙ノ山から大森町～

マアちゃん待望の夏休みに入りました。お父さんと約束していたのです。「石見銀山ハイキング」を。やはり現地を訪れてみないと、マアちゃんには銀山の歴史がすっきりと頭の中でよみがえらない、もどかしさがありました。

7月23日、幸い夏にしてはめずらしく曇り空の涼しい日。お父さんの自家用車で朝8時、松江の自宅を出発。高速道路を使ってスムーズに約1時間半。大田市大森町へ案外早く到着しました。

まず、お父さんは石見銀山資料館、真向いの駐車場で案内地図（看板）を指さして話し出しました。

石見銀山遺跡案内図 Iwami-Ginzan Silver Mine
鞆ケ浦
まじ
琴ケ浜
JR山陰本線
にま
至 松江→
石見城跡
仁摩サンドミュージアム
午前ハイキングルート
午後ハイキングルート
永久製錬所跡
石見銀山街道（鞆ケ浦道）
牛の首
31
大森町並み交流センター（旧大森区裁判所）（公開）
妙蓮寺（代官墓所）
勝源寺（奉行・代官墓所）
東照宮
西性寺
熊谷家住宅（重要文化財）（公開）
代官所跡（石見銀山資料館）（公開）
岡家
代官所前ひろば
城上神社
青山家
観世音寺
柳原家
三宅家
栄泉寺
蔵泉寺番所跡
石見銀山公園
旧河島家（公開）
阿部家
宗岡家
金森家
バス停（新町）
バス停（銀山公園駐車場）
バス停（大森）
五百羅漢（公開）
井戸神社
バス停（大森代官所跡）
西南の役碑
現在地 You are here
宮ノ前地区
龍昌寺
スタート・ゴール地点
代官所跡
（石見銀山資料館）
至 大田→
Kigami Shrine
Daikansho Site (Site Of The Magistrate's Office , Iwami Ginzan Silver Mine Museum)
Shogenji Temple
Oka Residence
Kumagai Residence
Aoyama Residence
Ido Shrine
Kawashima Residence
Yanagihara Residence
Miyake Residence
Abe Residence
Muneoka Residence
Kanamori Residence
Seisuiji Temple
Shinkiri Mabu Mine Shaft
Yamabuki
Yunotsu Important Preservation District for Groups of Historical Buildings
Okidomari
Iwami-Ginzan Silver Mine Road (Yunotsu-Okidomari Transportation Route)
Yataki Castle Ruins
Yahazu Castle Ruins
Tomogaura
Iwami-Ginzan Silver Mine Road (Tomogaura Transportation Route)
Iwami Castle Ruins
休憩所 Rest Spot
お手洗い Rest Room
駐車場 A Car Park
設置者：島根県教育委員会・大田市

←至 浜田
ゆのつ
沖泊
ゆさと
9
温泉津伝統的建造物群保存地区
石見銀山街道（温泉津沖泊道）
降路坂
坂根口番所跡
龍源寺間歩（通り抜け坑道）
新横相間歩
佐毘売山神社
矢筈城跡
山吹城跡
矢滝城跡
仙ノ山
高橋家
福神山間歩
出土谷集落跡
豊栄寺跡（吉岡出雲墓）
新切間歩
山吹城登山口
バス停（清水寺前駐車場）
本間歩
安原備中墓
釜屋間歩
石銀集落跡
大久保間歩
金生坑
本谷口番所跡
清水谷製錬所跡
清水寺
安養寺
龍昌寺跡（代官墓所）
大安寺跡（大久保石見守墓所）
妙正寺
下河原吹屋跡
豊栄神社
市道仙ノ山線
石見銀山世界遺産センター
←至 広島
31
石見銀山遺跡図
Iwami-Ginzan Silver Mine
石見城跡 Iwami Castle Ruins
鞆ケ浦 Tomogaura
大田市 Ohda City
You are here 現在地
この方向で見ています
石見銀山街道（鞆ケ浦道）
Iwami-Ginzan Silver Mine Road (Tomogaura Transportation Route)
大森ゾーン Omori Zone
沖泊 Okidomari
矢筈城跡 Yahazu Castle Ruins
銀山ゾーン Ginzan Zone
石見銀山街道（温泉津沖泊道）
Iwami-Ginzan Silver Mine Road (Yunotsu-Okidomari Transportation Route)
温泉津伝統的建造物群保存地区
Yunotsu Important Preservation District for Groups of Historical Buildings
矢滝城跡 Yataki Castle Ruins
島根県
Shimane Prefecture
大田市
Ohda City
1 Iwami Ginzan World Heritage Center
2 Iwami Ginzan Park
3 Omori Community Center
4 Square in front of Daikansho
5 Nima Sand Museum
・この案内図は、地元の方々と話し合いを重ねて作成しました。
・分かりやすくするため、実際の地形とは異なった部分があります。
・建物については、文化財等の歴史的建造物を中心に表記しています。

お父さん「マアちゃん、まず何と言っても、石見銀山を理解するには、この『仙ノ山』へ登らないと意味がないよ。」

マアちゃん「えーっ、神屋寿禎が発見したと伝えられている山だね。標高約400mの鉱山都市があった。ということは、山のてっぺんまで登るわけかー。」

お父さん「そう、標高537mの頂上近くの、この『石銀集落跡』まで。」

マアちゃん「どこから登っていくの？」

お父さん「本谷口番所跡から登っていこう。帰りは、すべりやすいから市道仙ノ山線を歩いて降りようかなあ。」

マアちゃんは、案内地図板を見ただけで、これから始まる山登りハイキングに、大きな期待と多少の不安を抱いたのでした。それに対し、お父さんは、ずいぶん張り切っています。それもそのはず、運転しながらの、マアちゃんへの話によれば、およそ15年ぶりの石見銀山ウォーク。久しぶりなので、マアちゃん以上に張り切っているのです。

トイレ休憩をすませると、車は大田市立第三中学校方面を目指して、県道31号を走り、やがて県道から分かれて右折し、大田三中進入路に。もちろん三中入口へは入らないで、そのまま直進。やがて、大型車用も設けられた駐車場へ。

本谷口番所跡の近くにある駐車場

本谷口番所跡から登っていこう。帰りは、すべりやすいから市道仙ノ山線を歩いて降りようかなあ。
スタート・ゴール地点
代官所跡（石見銀山資料館）
宮ノ前
城上神社
岡家
代官所前ひろば
熊谷家
青山家
西性寺
井戸神社
観世音寺
町並み交流センター
旧河島家
柳原家
栄泉寺
阿部家
宗岡家
午後のスタート地点
石見銀山公園
金森家
蔵泉寺口番所跡
五百羅漢
羅漢寺
渡辺家
大森小学校
西本寺
大久保石見守墓所
下河原吹屋跡
豊栄神社（長安寺跡）
遊歩道
市道仙ノ山線
休憩所
龍昌寺跡
安養寺
山吹城大手口
石見銀山世界遺産センター
清水谷製錬所跡
清水寺
清水口番所跡
31
至鞆ケ浦（仁摩町）
鞆ケ浦道
永久製錬所跡
吉迫口番所跡
永久坑跡
山吹城跡
▲要害山
新切間歩
蔵本坑
福神山間歩
高橋家
吉岡出雲墓
宗岡佐渡墓
蔵之丞坑
龍源寺間歩入口
畑口番所跡
出土谷集落跡
曽根口番所跡
佐毘売山神社
石銀集落跡
水落口番所跡
至大田三中
坂根口番所跡
新横相間歩
龍源寺間歩出口
本谷口番所跡
本間歩
下金生坑
釜屋間歩
金生坑
大久保間歩
温泉津沖泊道
至沖泊（温泉津町）
萩峠口番所跡
栃畑口番所跡
柵内
午前ハイキングルート
午後ハイキングルート

1 本谷口番所跡

お父さん「さあここで降りよう。」

午前10時、二人は公衆トイレ脇から、金属製手すりが付いた舗装歩道を登って行きました。歩きやすい遊歩道です。

まもなく平坦地に赤いノボリ旗が立っている所へ。本谷口番所跡です。平坦地は二段になっています。

説明板もあって、マアちゃんにも読めますが、お父さんが例のごとく、知ったかぶりの名調子で話し出しました。

本谷口番所跡

お父さん「銀山へ入るお米や炭などの物資に税をかけたり、銀山の外へ勝手に、銀鉱石が出ていかないように取り締まるための役所が『番所』だよ。銀山全体で多い時は10か所くらい、出入口があってそれぞれに『○○口番所』という形で設けられていたんだ。」

マアちゃん「建物は、もうなくなっているね。」

お父さん「二段目の平らな所。間口（幅）3間（約5.8ｍ）、奥行2間（約3.9ｍ）の平家建てだったようだ。」

マアちゃん「石見銀山の出入りは自由にできなかったんだね。」

お父さん「そうなんだ。江戸時代の初めは、ぐるっと全体を「木製柵」で囲んでいたけど、修理する費用がかさんでいくから、寛永18年（1641）からは、柵に代えて「松」を使った「垣松」になったそうだ。だから松の木の数は2,000本～3,000本と言われているんだよ。」

マアちゃん「すごい数だね。」

2 下金生坑

小休止を終えて、二人は進みます。すると目の前に「下金生坑」という標示柱。その奥に金属製柵で封鎖された黒い穴が見えます。マアちゃんにとっては、初めて見る「間歩（坑道）」です。

マアちゃん「へえー、あれが間歩の入口なんだねえ。暗くて中が見えないけど、ずっと奥へ続いている感じだね。」

下金生坑

お父さん「この坑道は、大久保間歩の下に作られた排水用の間歩なんだよ。」

マアちゃん「へえー、どんどん水がわき出て、それを排出するためのものかあ。」

3 金生坑

次は、標示柱の奥に立入り禁止の鎖が張られた「金生坑」の入口です。

マアちゃん「間歩がどんどん出てくるね。」

金生坑

お父さん「あ、それから、これ見てごらん。この植物。ヘビノネゴザというシダ植物。シダ植物は、銀鉱石の鉱脈の近くに育つらしいんだ。」

マアちゃん「あっ、それで金生坑の入口近くに生えているのかなぁ。」

　マアちゃんは、お父さんが手で触れたヘビノネゴザを見ながら納得顔。

　まもなく、山道を登って行くとヒヤリとした冷気が肌に感じられてきました。肉眼でも霧のような雲のような物が見えてきました。

お父さん「マアちゃん、お待ちかねの大久保間歩へやって来たんだ。この水蒸気は大久保間歩の中から流れ出てきた冷たい空気のせいで発生しているんだよ。」

ヘビノネゴザ

大久保間歩の中から流れ出てきた冷たい水蒸気のせいだよ！

なんだか急に涼しくなったよ！

大久保間歩の中から流れ出てきた冷たい水蒸気

4 大久保間歩

その通りでした。目の前に今まで見たこともないくらい大きな間歩の入口。そこに頑丈な扉がありました。扉の〝すきま〟からは勢いよく冷たい大量の水蒸気が外へ向かって吹き出ています。

マアちゃん「お父さん、それにしても入口がでっかい間歩だねえ。」

お父さん「そう、言い伝えだけどね。江戸時代の初代銀山奉行の大久保長安が、槍を持って馬に乗ったままで入った、というくらいだからね。」

マアちゃん「なるほど、確かにそういうこともできそうなほど、坑道の奥の天井も高いし、通路幅も広そうだね。」

お父さん「マアちゃん、実は15年以上前のことだけどね。この大久保間歩が整備される時、現地説明会があって、お父さんも参加したんだ。だから今日は、とてもなつかしい気分だねえ。」

マアちゃん「へえー。そうだったの。」

お父さん「この間歩（坑道）は、まず江戸時代、いつ頃からか具体的な年代はわからないけど、開発され、そして明治時代に再開発された大規模なものなんだ。坑口（間歩の入口）付近には、明治時代に再開発された時に敷かれたトロッコの軌道（レールを敷いた道）の跡や、削岩機（岩を掘る機械）で掘った跡が残っているよ。」

大久保長安木像
大安寺所蔵

マアちゃん「へえー、おもしろそうだねえ。」

お父さん「いくつもの坑道の中で中心となる主坑道は、坑口から約150m入った所で、崩落（崩れ落ちたこと）している。」

マアちゃん「そこから先は無理だね。」

お父さん「次に坑口から約50mの所で、さっき入口を見た〝金生坑〟とつながるんだ。明治時代に掘られた竪方向の『竪坑』と斜め方向の『斜坑』が金生坑と連結するそうだ。」

マアちゃん「へえー、石見銀山では地中の深い所で、間歩（坑道）同士がつながっているんだねえ。」

お父さん「さらに大久保間歩の入口から約110m地点では、坑道が西に分岐（枝分かれ）しているそうだ。」

マアちゃん「それはどうしてなの？」

お父さん「銀山では、銀がたくさん集まっている所（「福石場」あるいは「鉱脈」とも言う）を求めて、次々と坑道を掘り進んでいくからなんだ。」

マアちゃん「そうなのかあ。ところで、お父さんこの大久保間歩の坑内の天井の高さは？」

お父さん「最も高い所で約5mだよ。」

マアちゃん「すごい‼そんなに。」

お父さん「お父さんも最初に見た時、びっくりしたよ。」

大久保間歩の中の様子

マアちゃん「お父さん、ぼくも一度、中へ入って見学したいよ。」

お父さん「よし、わかった。この次はそうしよう。ここは予約制で、一人ずつヘルメットをかぶってガイドさん付き。一人3,700円だけどね。」

その言葉を聞いてマアちゃんは安心しました。

マアちゃん「お父さん、あそこに穴が開いているけど、何なの？」

マアちゃんは、大久保間歩の入口付近の岩肌にいくつも開いている穴の質問をしました。

お父さん「間歩の入口あたりに、簡単な小屋を建てていたんだ。あれは、その小屋の柱を支えるために掘った『梁の穴』だね。」

小屋を支えるために掘った「梁の穴」

マアちゃん「どうして入口に建てたの？」

お父さん「坑道の中で掘り続けていくうちに、鉄製の道具（工具）がいたんで、修理しなければならないね。その修理する“鍛冶場”だっただろうね。」

マアちゃん「なるほど、そうかわかったよ、お父さん。」

大久保間歩の前では、けっこう時間をかけて親子の対話が続きました。

お父さん「さあ、マアちゃん、出発だ。ここから上は、今までと比べて、はるかに登りにくい山道だからね。めったに見学者が登らないコースだから、草も茂っているし、ちょうど真夏だから、マムシなどヘビも出るかもしれんよ。」

お父さんは、半分本気でマアちゃんに忠告しました。

そこで、マアちゃんは真剣になりました。確かに人頭大の石ころで階段状になってはいますが、けっこう急な山道を一歩一歩、片足ずつふんばって登ります。呼吸もこれまでより苦しくなりました。

5 釜屋間歩

そして数分後、釜屋間歩に到着。

マアちゃん「わーすごい。何だかよくわからないけど、岩が垂直になっている。間歩の入口はわかるよ。その右どなりには石段が。（約70段）あっ、その右側には、一、二、三段の形で平らな所が。」

お父さんは、スクラップブックの中から『おしえて石見銀山たんけん隊』8時間目（25ページ）を取り出して、説明を始めました。

マアちゃん「そうか、ここは左側の釜屋間歩とその右どなりの水を使って、銀鉱石を選び出す作業をする製錬所だったのかあ。」

お父さん「マアちゃん、さっきの大久保間歩はいつ頃から始まったか不明だったけど、ここ釜屋間歩は、江戸時代の初め頃に開発されたことが確かなんだ。」

マアちゃん「そうだね。8時間目の記事に書いてあるよ。この釜屋間歩でたくさんの銀鉱石を掘り当てた安原伝兵衛（備中）が、慶長8年（1603）徳川家康に、

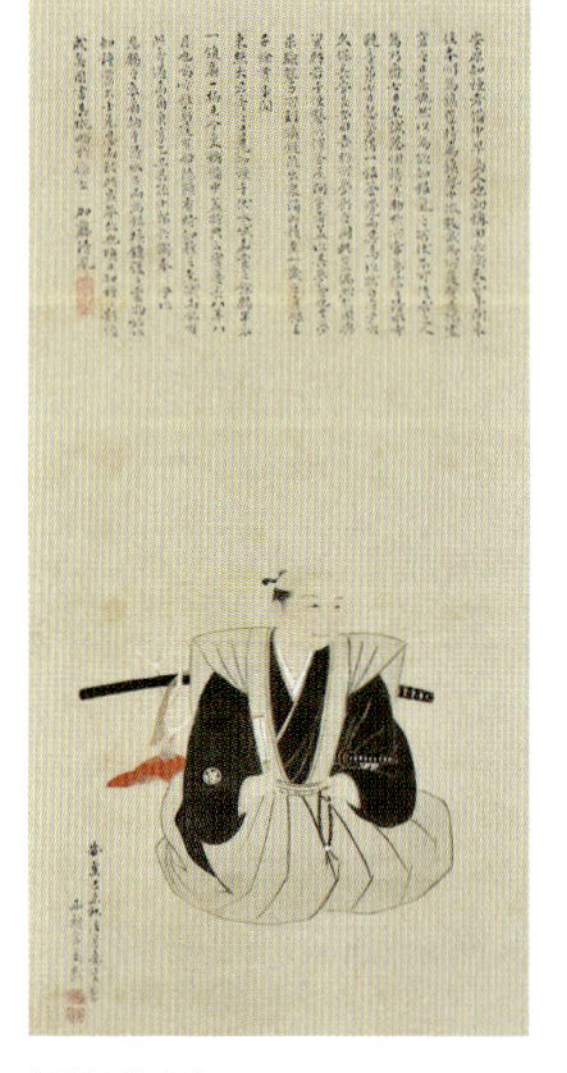

安原備中画像
大田市の清水寺所蔵、
島根県立古代出雲歴史博物館写真提供

ごほうびをいただいているからね。伝兵衛はたくさんの鉱脈をうまく見つけたんだなあ。」

お父さん「マアちゃん、鉱脈といえば、ほら、この黒い筋のようなものだよ。」

お父さんは説明板にあるカラー写真で示しました。

釜屋間歩と鉱脈
説明板

マアちゃん「お父さん、この釜屋間歩の坑口の上方にも小さな穴が並んでいるねえ。そして、右側の岩盤の平らな所の上にも次々と。これもさっきの大久保間歩と同じように考えればいいの？」

お父さん「マアちゃんの言う通りだね。岩盤の平坦地の上に柱の穴が並んでいるんだ。岩の斜面や壁に、屋根の材料を差し込んだ穴で、小屋のような建物があったんだよ。」

マアちゃん「その建物の中で、イラストのような感じで作業をしていたんだね。」

お父さん「むずかしい専門用語で、「比重選鉱」と言ってね。銀をふくんだ鉱石の粉を重さのちがいで、軽い石の粉と重い銀をふくんだ粉と、水中で分ける作業なんだ。」

マアちゃん「あっ、それで雨水を貯めて、その水を利用していたのかあ。」

マアちゃんは納得した表情になりました。

お父さん「それから、ここでもう一つすごいこと。それは、ほら、道をはさんで反対側の平地。あそこで15年位前、発掘調査が行われたら、灰吹法の途中で作られる銀と鉛の合金『貴鉛』のかたまりが一個出土したんだよ。発掘調査での発見は、日本で初めてのことだったから、びっくり。新聞やテレビでも話題になったよ。」

マアちゃん「そうか、やっぱりこの近くで製錬作業も行われていたのかあ。すごいなあ。」

　マアちゃんは『おしえて石見銀山たんけん隊』5時間目(19ページ)を一読しながら、目の前の現場での作業風景を想像してみました。

お父さん「じゃあ、マアちゃん急ぐようだけど次の場所へ出発するよ。」

6 本間歩

　山道を進むとまもなく本間歩でした。

マアちゃん「坑口がけっこう幅広いね。」

本間歩

本間歩を過ぎたところにある階段

お父さん「銀鉱石が集中していた可能性があるよ。」

　次は、行く手に鉄製の階段が設けてありました。登りやすいです。すると、階段を登り切った後、道ばたに一個、石造物（石塔）を発見。

マアちゃん「これは何なの？お墓なの？」

お父さん「五輪塔の一番上の部分が欠けているね。お墓なのか、標識（？）として再利用したも

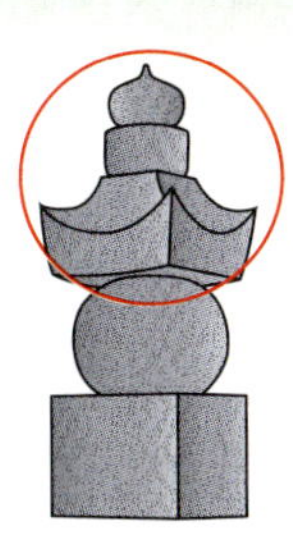

お墓なのか、標識(?)として再利用したものか

のか、よくわからないねえ。」

そうこうしているうちに、最後の坂道を登りきると、出ました。市道仙ノ山線です。路側のガードレールをまたぐと目の前には、両側の山に、はさまれた谷間に、かなり広い平地が広がっています。今日の午前中の最終ゴール地点「石銀集落跡」です。

7 石銀集落跡

マアちゃん「わあー、山の上にこんな広い平地があったんだねえ。」

お父さん「ここが石見銀山の中心地、仙ノ山の中でも有名な石銀集落があった所なんだよ。今は、建物はもちろん何も地上には残っていないけどね。」

マアちゃん「あっ、遊歩道の横に何かきれいにしてある所が見えるよ。」

お父さん「実は、平成8年(1996)から平成10年(1998)にかけて、ここで発掘調査が行われたんだよ。お父さんも何回か現地説明会に参加した

石銀集落入口

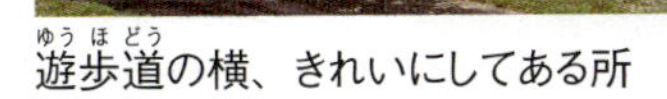

遊歩道の横、きれいにしてある所

けどね。その結果、この谷の中央に、幅約2m道路があって、その両側に建物がズラッと並んでいることがわかったんだ。つまり『鉱山集落』だよ。」

マアちゃん「えーっ、そんなふうに、今の状態からはとても思えないよー。」

お父さん「さっき見た大久保間歩と同じように、具体的にいつ頃から始まったかわからないけど、1581年の毛利氏の古文書には「いし金」という語句があるから、戦国時代からだろうね。その16世紀から江戸時代前半まで続いた後、やがて江戸時代中頃には、畑になったそうだ。」

二人はまず、案内板が設置されている所から前方を眺めました。

マアちゃん「なるほど、この案内板の地図で、ぼくたちが立っている現在地はここだから。」

マアちゃんは、目の前の状況と地図を見比べました。次にとなりの遺構図（発掘調査で明らかになった）に目を移しました。

案内板（発掘調査の範囲）

案内板（発掘調査の様子）

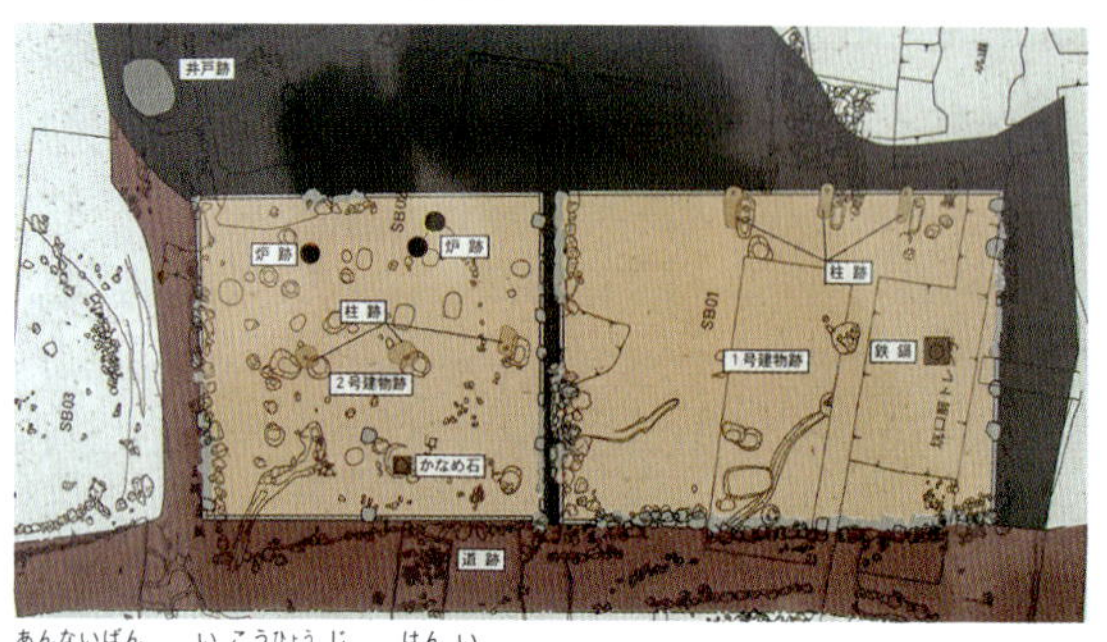

案内板（遺構標示の範囲）

マアちゃん「たくさんの石が一列に並んでいるのは?」

お父さん「建物のカベの中の柱だね。」

マアちゃん「そうすると2つの建物が並んでいて、建物と建物の間の細長い部分は道路だったんだね。」

お父さん「その遺構図をもとに、わかりやすく復原した図がこれだよ。」

お父さんは、となりの説明板にわかりやすくカラーで、表現してある復原図を示しました。

マアちゃん「お父さん、この2軒の建物の中に、こまごまと何か書かれているね。」

お父さん「まず向かって左側の建物(2号建物)を見てごらん。いろいろな品物が出土しているんだ。まず、奥側には井戸。屋内の土間には鉱石を砕くための『かなめ石』や打撃を加えるタガネという道具。銀を製錬する炉の跡。その炉に空気を送って高熱にするための送風管『ふいごの羽口』。」

マアちゃん「そうか、製錬所だね。」

お父さん「それだけじゃない。食器用の陶磁器。銭貨(お金)。雨傘の一部。そして碁石も。」

マアちゃん「へえー、製錬のための仕事場と同じ建物の中で、家族が生活していたんだねえ。仕事がお休みの時とか、休けい時間には、碁を楽しんでいたんだね。こんな高い山の上での生活はどんなものだったかなあ。」

二人は、説明板の前から移動し、復原された約2m幅の道路を横切って、右側の一段高い

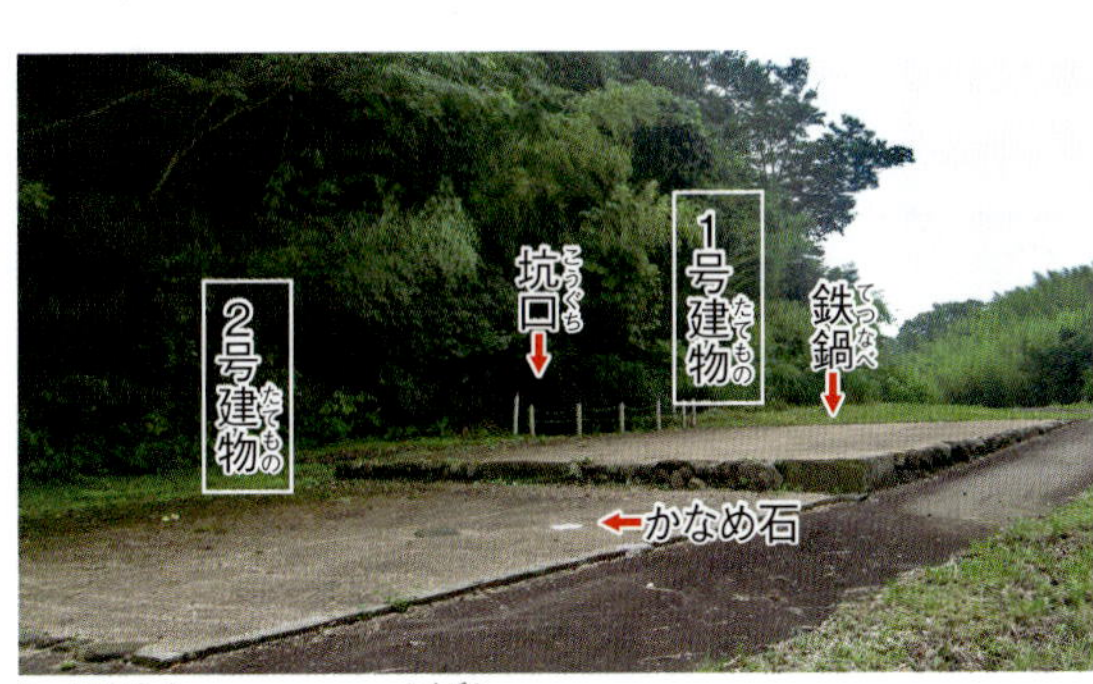

発掘調査をもとにして復元された現在の様子

建物（1号建物）の敷地の中へ入りました。道路に面した間口（横幅）は約5m、奥行（たて）は約4mあります。となりの2号建物の敷地よりちょっと横長の長方形です。

マアちゃん「奥に坑口が見えるね。」

お父さん「その手前、ほらこの標示柱の地下約1mの所から発掘調査の時、銀を製錬するための鉄鍋が一個発見されたんだ。16世紀の建物跡といっしょに出土したんだ。お父さんもその現地説明会で、実際に見たけど、その時とてもびっくりしたよ。」

製錬作業を行った建物跡より出土した鉄鍋
大田市教育委員会所蔵

鉄鍋の出土状況

マアちゃん「この坑口から運び出した鉱石を、ここ（1号建物）で製錬していたの？」

お父さん「いや、坑道と建物の二つのつながりはどうなのか、わからないね。」

　やがて二人は、ゆるやかに登る遊歩道を歩いて数十メートル移動しました。午後の見学コースで通りかかる清水寺が、元々あったという天池寺の跡です。今は池になっています。そこには石銀地区から下りていく、他の見学先を示す標柱が立っています。

石銀地区から他の見学先を示す標柱

お父さん「ここから、左へずっと行くと、平成7年に石見銀山で最初の発掘調査が行われた石銀千畳敷地区にたどり着くはずだ。お父さんがその年、初めて石見銀山の発掘調査現場を見学した、思い出深い所なんだ。あの時の感激は今でもよく覚えているよ。」

昔をなつかしむお父さんでしたが、時計を見るともう12時20分。下山しなくては。

下山のコースは、元の山道をやめて、舗装整備された市道仙ノ山線を歩くことにしました。※

お父さん「昔、15年前までは、道幅も少し狭い山道でね。もちろん舗装されていない。冬には四輪駆動車でないと不安だったよ。今、こうしてズックでピクニック気分で歩けるなんて…。」

お父さんは15年前の昔話に熱が入り、いつのまにか石見銀山公園駐車場前の食堂に到着しました。

8 龍源寺間歩目指して銀山川沿いを歩き始める

おいしい昼食のハヤシライスで元気回復。二人は、大森町と銀山町の境目あたりから、左手の銀山川に沿って、上流の方向へ、町の通りを歩き出しました。めざすは約２㎞先の龍源寺間歩です。現在は、自動車乗り入れ規制がしてあります。（自転車はＯＫ）

マアちゃん「お父さん、今の大森町や銀山町は道路や川に沿ってけっこう大きな集落ができているねえ。」

お父さん「元々、大森の集落はあったけど、仙ノ山の山の上の、柵の内側にあった奉行所（のち

※自家用車一台でお越しの場合は、そのまま登山コースを逆方向に下山して、元の駐車場へ。足元に気をつけて山道をおりてください。

代官所）が、1620年頃、山の下の大森へ、つまり、今日最初に車を止めた石見銀山資料館の場所へ引越してから、大森の町は栄えてきたようだね。」

マアちゃん「『代官』というのは江戸幕府から派遣された銀山の現地リーダーだね。代官一人で、とりしきっていたの？」

お父さん「代官は、自分が信頼できる人物を連れてきたり、あるいは現地で採用したり、10人余りの『手附』とか『手代』を置いた。そして銀山の専門的な仕事をつとめる『銀山附地役人』と言われる『地役人』つまり地元の人物で、代々務める役人が80人位いたんだよ。」

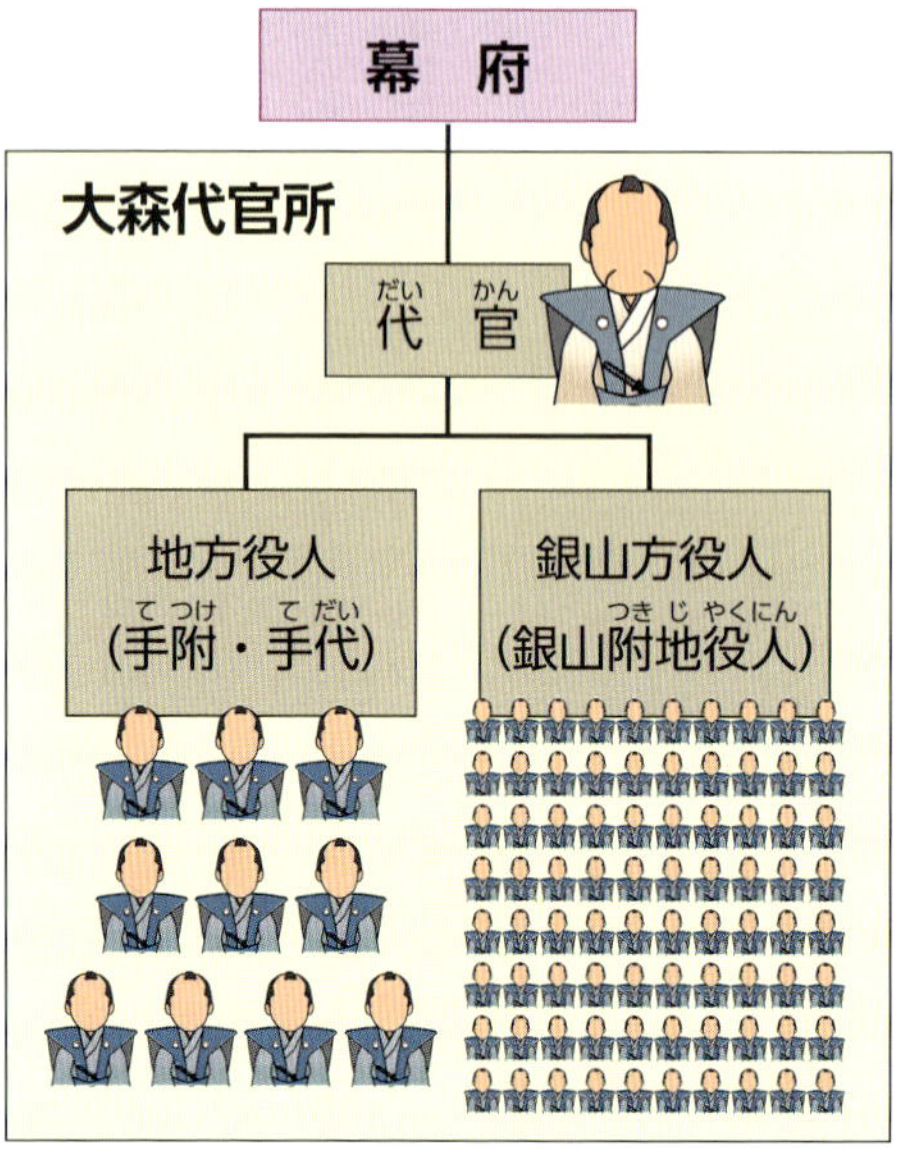

マアちゃん「あっ、それで、大森町や銀山町の町の中を歩くと『阿部家』とか『宗岡家』とか『○○家』と表札のついた立派な屋敷がいくつもあるけど、そういう地役人が住んでいたのかあ。」

銀山公園から

幕府–大森代官所関係図

大森の町並みに残る宗岡家の屋敷

すぐの所、右手に「蔵泉寺口番所跡」の表示がしてあります。

マアちゃん「もう、ここから、銀山の町になるのかあ。」

お父さん「そう、『柵内』（柵の内側全域）は想像以上に広いからねえ。」

蔵泉寺口番所付近から山吹城を望む

9 下河原吹屋跡

まもなく二人はやって来ました。道路左手の下河原吹屋跡です。

マアちゃん「お父さん、『吹屋』というのは製錬所だよねえ。午前中は山の中でいくつか見てきたのに、こんな平地にもあるの？」

お父さん「そうなんだ。江戸時代の初め頃、平地の吹屋が登場するんだ。」

マアちゃん「どうしてかなあ。」

お父さん「二つ理由があるよ。一つは生活の便利さだね。山の上にお店はあっても、平地の方がやはり、生活物資を手に入れやすい。生活がしやすい。二つ目は製錬に必要な水。平地だと大量の川の水が使えるね。ほら、ここ下河原吹屋跡のすぐ左側に銀山川が流れているでしょう。その水が使えるよ。」

マアちゃん「確かに午前中見学した釜屋間歩の坑口付近の製錬所では、雨水を貯めて、使っていたね。水の量は豊かとは言えないからなあ。」

お父さん「鉱山で掘った銀鉱石を平地の吹屋に運び込むのさ。つまり『掘る人』と『製錬する人』は別々だ。吹屋では女性が細かな作業をしていたかもしれないね。」

マアちゃん「真正面の高い建物は何なの？」

お父さん「これは吹屋とは関係ないよ。私たち見学者が上から見下ろせるように建てられたものだよ。」

　マアちゃんは、さっそく建物の階段をかけ上がって、ちょうどドローンの気分で下を見下ろしました。よく見えます。吹屋の敷地の中に、幅約20～50㎝の溝や溜桝が確認できました。

マアちゃん「おやっ、お父さん、あのお寺の門は立派だね。」

上から見下ろした下河原吹屋跡

　道路をはさんだ向かい側をマアちゃんは指さしました。

お父さん「あれは大田市の指定文化財にもなっている17世紀初めの四脚門、西本寺山門だよ。以前は、山吹城の大手門をここに移したものだと言われていたけど全く違う。元は銀山の龍昌寺にあったのが、運ばれて来たらしい。」

西本寺山門

10 豊栄神社（長安寺跡）

　次はちょうど修理作業中の豊栄神社です。（元は長安寺で、明治3年(1870)に豊栄神社になりました。）

お父さん「慶応2年(1866)大森へ入った長州軍(山口県)はこの神社に毛利元就の木像があったので、この境内を整備したそうだ。ほら、ここを見てごらん。灯ろうの台座に『第三大隊弐(二)番中隊司令祖式信頼』など、172名が刻まれているよ。」

豊栄神社の灯ろう

11 清水寺前から福神山間歩へ

二人はその後「山吹城大手口」付近で左折。銀山発見の年代に関わる貴重な棟札が発見された清水寺の前を通って銀山川沿いに歩きました。

マアちゃん「お父さん、この銀山川の水はきれいだねえ。すき通っているよ。」

お父さん「最近まで飲料水に使われていたくらいでね。もちろん他の鉱山では問題になる、ヒ素など有害物質は全く含まれていないんだよ。」

まもなく、新切間歩の下にさしかかりました。

棟札が発見された清水寺

お父さん「これは最も標高の低い所にある間歩なんだよ。正徳5年(1715)に開発されたことが古文書にも記され

新切間歩

ているんだ。」
　次に「吉岡出雲墓」の標柱の前を通り過ぎます。

お父さん「この人物は慶長6年(1601)徳川家康から功績を認められて、佐渡や伊豆の鉱山支配にも関わった地役人。」

マアちゃん「へぇー。家康にほめられるくらいだから相当だね。」

　やがて、左手奥に「蔵本坑」の坑口が見えてきました。
　なおも、銀山川沿いにさか上ると、右手の道路脇に「福神山間歩」の標柱。説明板と坑口がありました。

吉岡出雲墓

お父さん「マアちゃん、実はここから右方向の山吹城側の地下には鉱脈がないんだ。だから、この坑口から、この道路の下をもぐって、逆方向の仙ノ山の方向へ掘り進めているそうだ。」

マアちゃん「へぇー、そんなことになっているのか。」

　それから二人は説明板の文章を読んで勉強しました。

福神山間歩

●石見銀山には主な鉱脈が32本ある。
●鉱脈は30㎝前後の岩盤の亀裂に沿って東西方向に伸びている。
●代官所が直接経営している「御直山」に対し、民間人の山師個人が経営するのを「自分山」と

いう。山師はその鉱脈からの利益はもちろんだけど、武士と同じように名字や帯刀（刀を差すこと）も認められるから、そういう希望のある人は少々もうからなくても手を挙げる。

●「御直山」は天保15年（1844）に23か所まで増加するのに対し、「自分山」は享保14年（1729）に55か所あったのが、天保15年（1844）には9か所にまで減る。これは銀鉱石があまり出なくなって採算が合わなくなったから。

お父さん「だんだん銀の産出量が減って、個人経営が難しくなったんだよ。」

福神山間歩

Fukujinyama Mabu Mine Shaft

この間歩（坑道）は、採掘にあたった山師個人が経営した「自分山」のものですが、一時期、代官川崎市之進（1767－78）のころには、代官所直営の「御直山」の坑道になったこともありました。「御直山」は天保15年（1844）には23か所まで増えますが、「自分山」は、享保14年（1729）に55か所もあったものが、天保15年には9か所となってしまいます。石見銀山には、主な鉱脈が32本あったと伝えられており、そこから岩盤の亀裂に沿って30cm前後の幅で鉱石を含んだ支脈が延びていました。

この間歩は坑口が３か所あって、上段の坑は空気抜き坑、下段の２坑は中でつながり、説明板のある道路の下2mほどのところを通って銀山川の下をくぐり、後ろにそびえる銀山の最高地点「仙ノ山」の方向に掘り進んだと伝えられ、「仙ノ山」の逆方向へ向かって坑口が開いている珍しい間歩です。

福神山間歩にある説明板

マアちゃん「なるほど、きびしいねえ。」

12 龍源寺間歩

さあ、いよいよ本日の見学メイン地点、龍源寺間歩の入口に着きました。こちらの坑口から入ってどんどん奥へ入れます。（実は途中から見学者用トンネルで外に出ることになります。）石見銀山へ来て、間歩（坑道）の中

龍源寺間歩の入口

を体感できるただ一つの場所です。ここ龍源寺間歩を見学コースから外したら、石見銀山見学の意味がありません。

お父さん「この龍源寺間歩は、いつ頃開発されたのか明らかなんだよ。寛永年間（1624〜1645）、山の向こうから、水を抜いたという古文書があるんだ。江戸時代の初めだよ。」

マアちゃん「その点では午前中、見学した大久保間歩や石銀集落とちがうね。江戸時代の初めだという釜屋間歩と同じようにいつ頃から始まったのか、はっきりしているね。」

　間歩の入口に着き、入場券を売店で買うやいなや二人の対話が活発になりました。

お父さん「入口の近くに番所（管理小屋）があったんだね。」

　お父さんは、説明板に貼られている明治時代に撮影された写真を示しました。

マアちゃん「お父さん『四ツ留』と書いてあるね。」

お父さん「間歩の入口のことだよ。」

マアちゃん「たしかに四本の柱で入口が固められているね。」

お父さん「まず鉱脈に当たるかどうか、まっすぐ掘っていく。この工事は幕府の予算でやる、いわば代官所が行う公共工事だ。わざと南北方向に坑道を掘り進め、その途中うまく鉱脈に当たると、

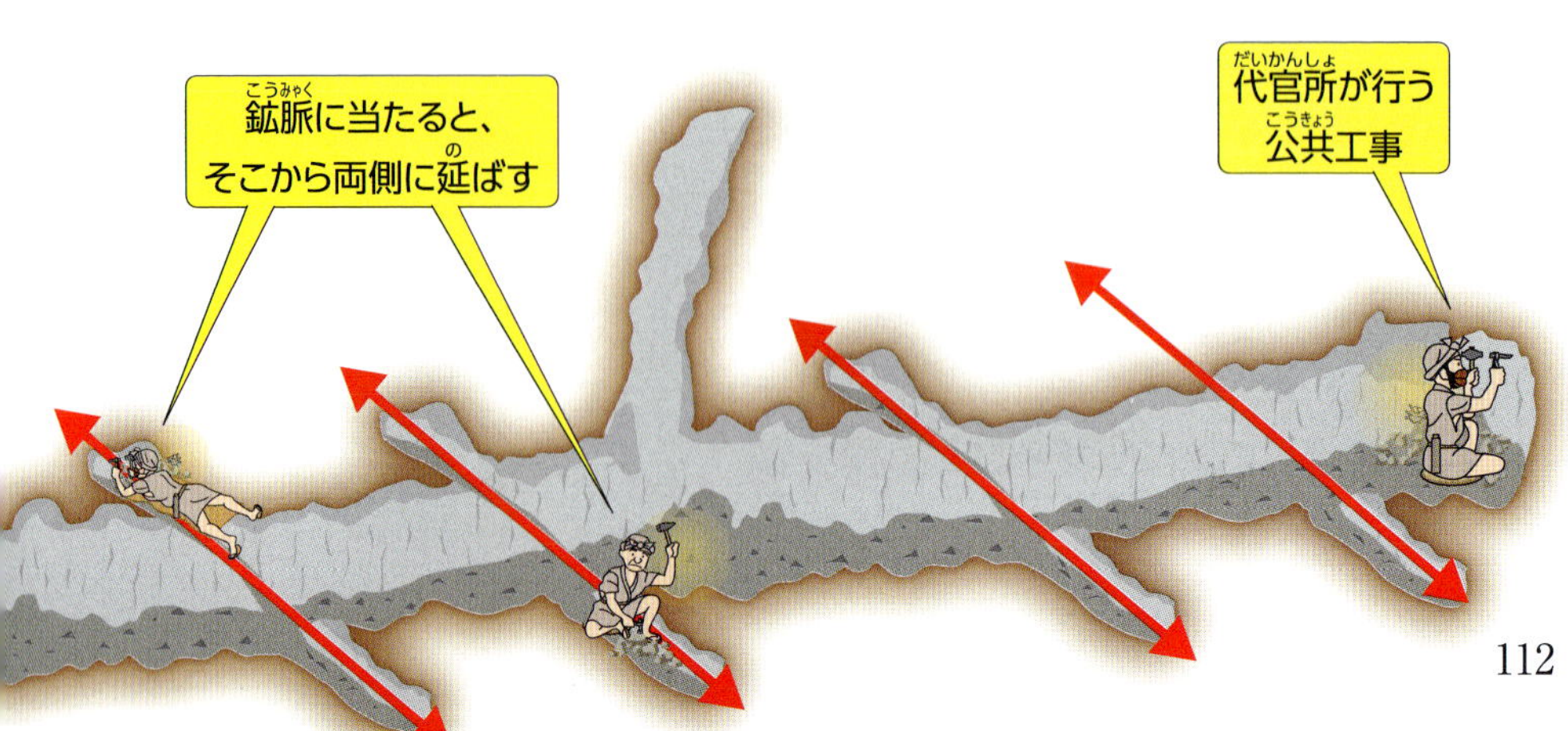

そこから両側に延ばす。わき出た水を、はるかかなたの2kmもある山吹城の反対側へ排水するために『竪坑』を掘ったり。」

マアちゃん「本当に『串ざし』の形だね。すごい技術だね。」

お父さん「毛利氏の時代には、具体的な間歩の名前は文書に出てこない。ところが江戸時代になると、間歩をひとつひとつ管理するために、水田の『検地』のように間歩名とその所有者（山主）を詳しく、調査したんだよ。」

お父さん「マアちゃん、時代が下るとだんだん銀がとれなくなってきたんだ。これが一つの理由。もう一つは、江戸時代の中頃、九州の長崎での貿易で、決裁（売買）の時、銅が必要になったんだ。もっと大量に銅を生産してもらいたいという需要が高まったんだ。この二つの理由で、石見銀山でも、これまで以上に銅を掘るように〝銅山開発〟が、

産銀量・産銅量の推移

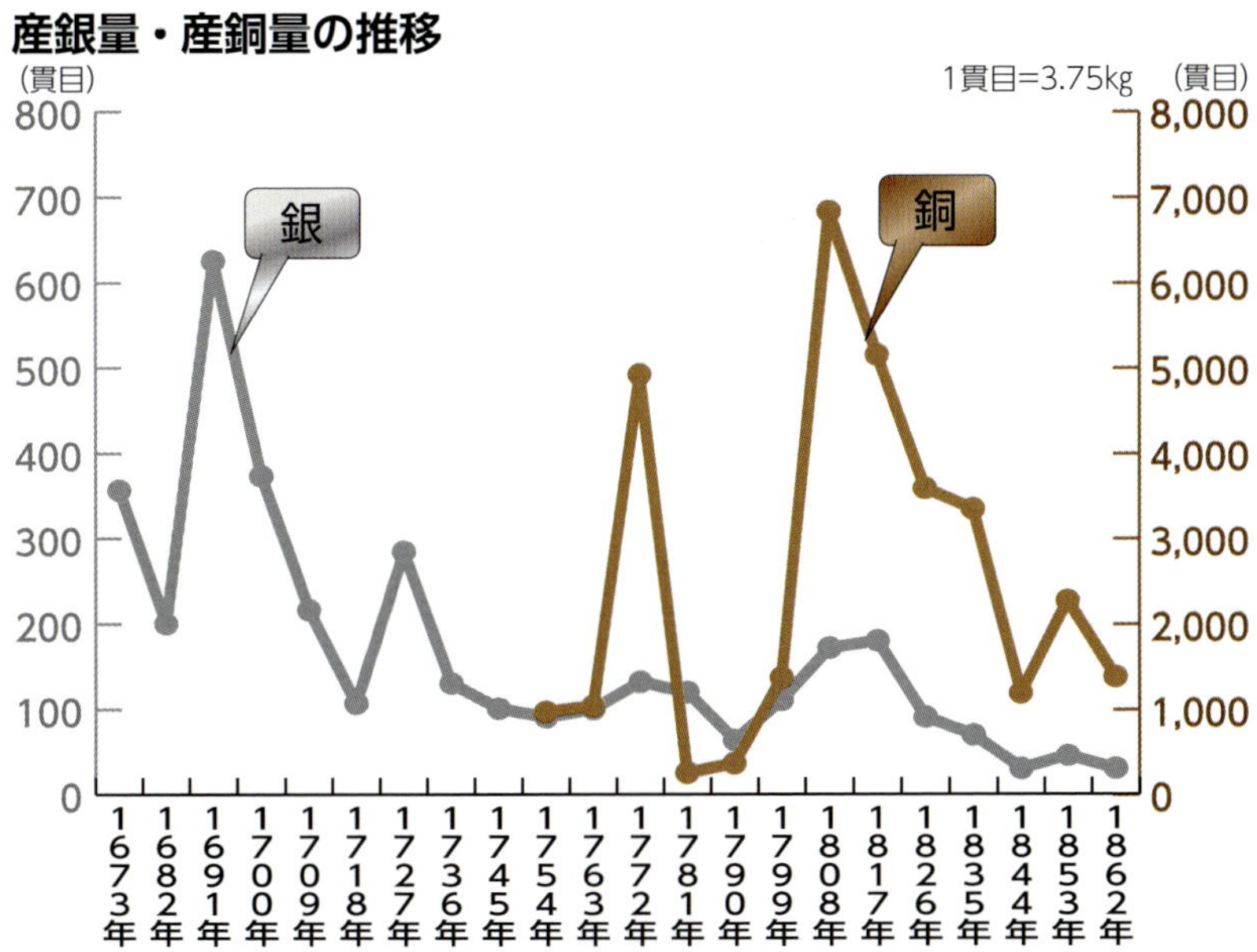

「石州銀山支配御代官年代記並諸口屋歩一緒運上出灰吹銀年々納高」から作成
大田市教育委員会発行『石見銀山学ことはじめI　始』より

特に仙ノ山の山の下の方、例えば、この龍源寺間歩とその周辺で盛んになったんだよ。」

マアちゃん「へえー、そんなふうに変わってきたのかあ。」

お父さん「仙ノ山の山の上、例えば今日午前中見学した、本谷の辺りは銀だけどね。」

以上のことを予習した上でマアちゃんは坑口から入りました。

永久鉱床と福石鉱床

●銅鉱物を多く含む
●地表から地下分布
●鉱脈鉱床
（岩石の割れ目に板状に生成）

●自然銀を多く含む
●地表近くに分布
●鉱染鉱床
（空隙の多い岩石のすきまに生成）

福石鉱床
仙ノ山
永久鉱床
熱せられた地下水により地下の金銀銅が地表に運ばれる
地下水
マグマ

大田市教育委員会発行『石見銀山ことはじめ』参照

マアちゃん「うわー、涼しいー。」

やがて、涼しいどころか、どんどん奥に進むにつれて寒い位です。それもそのはず、温度計で16度です。寒いと感じるのは当然です。

龍源寺間歩の坑口

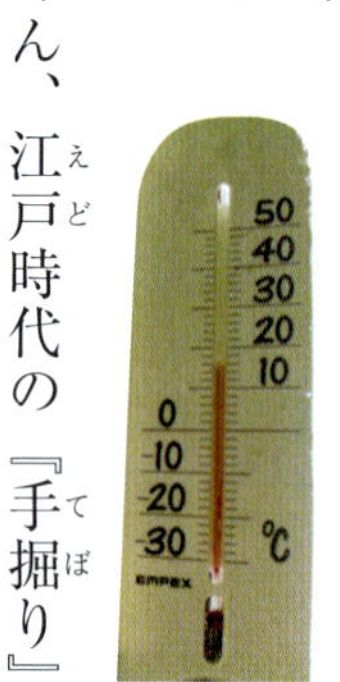

お父さん「マアちゃん、江戸時代の『手掘り』と明治時代からの、あるいはそれ以降の『機械掘り』の違いを見比べよう。」

お父さんは、まず掘削機械のツメの跡がついた壁の表面を指さします。

マアちゃん「あっ、本当だ。機械の先のツメの跡がたくさん並んでいる。そう思って見ると、ほとんどの壁についているね。」

次に、なかなか見つからなかった「手掘り」の跡らしいもの。

マアちゃん「ウーン、ツメの跡もないし、なんとなく表面がギザギザしていないから機械掘りじゃなくて手掘りかなあ。」

そうやって、進むうちに次から次へと、左右に「串ざし状」に掘られた坑道入口が見つかりました。見るからにおそろしく奥深くまで続く感じの

機械掘り、掘削機械のツメの跡

手掘りの跡（?）

する「竪坑」の坑口もわかりました。

マアちゃん「お父さんここから約100m下まで水を落としているなんて、信じられないよ。」

やがて、かなり中へ入り込んでしまった気になった頃、約160m地点に到達しました。

お父さん「マアちゃん、ここで

龍源寺間歩の竪坑

公開されているのはここまで

終わりだよ。坑道は左にカーブして、195m地点で崩落しているそうだ。ここから奥は幅約90cm、高さ約2mで、江戸時代には、やっと大人一人が通れるくらいだね。」

マアちゃん親子は、ここで一息つくと、昭和63年(1988)に見学者用として設けられたトンネルを通って、坑道の外へ出ました。トンネルの途中、カラーパネルの形で石見銀山の採掘から製錬まで数多くの絵巻を使って解説してあり、とても勉強になりました。

13 佐毘売山神社付近

銀山公園駐車場目指して、再び2kmの徒歩が始まりました。まず、鉱山の守り神、金山彦命をまつった、佐毘売山神社（別名　山神社）の石段の下にさしかかりました。二人は、かなりハードスケジュールで疲れましたが、最後の力をふりしぼって石段を上りました。あいにく社殿は修理中。

佐毘売山神社

お父さん「神社の縁起によれば、永享6年(1434)益田から移ってきたと伝えられているそうだよ。」

マアちゃん「銀山開発よりもっと前だね。鉱山が栄えるようにみんなが祈願したんだ。」

二人は手を合わせ、石段を下りました。

14 出土谷の入口付近

佐毘売山神社のすぐ下。出土谷の入口付近です。道路から右手にマアちゃん待望のロケーションがありました。マアちゃんは今日の今までの見学で、全くと言ってよいほどイメージできなかったこと。それは鉱山都市と言われるのに、集落の存在を想像させる跡が、その景観が見つからなかったことでした。

出土谷の入口付近、階段状に石垣が並んでいる

マアちゃん「見てごらん、お父さん。坂道の両側には、谷の奥に向かって階段状に石垣が並んでいくよ。それぞれの石垣で敷地がつくられ、その上に建物が建っていたんだよ。何軒も続いている、まさに集落の跡だよ。」

お父さん「たしかにマアちゃんの言う通り。実は15年位前に、この出土谷で発掘調査が行われたら、江戸時代の製錬所が見つかったんだよ。」

すっかり感激したマアちゃん。次の機会には、この出土谷の谷の奥まで入ってみようと、決心したのです。

こうやって、今日の石見銀山ハイキングは終了しました。

約2万歩、15㎞も歩いて疲れきったマアちゃんでしたが、学習内容が豊富で、とても満ち足りた気分。ごきげんでお父さんと松江まで帰路のドライブを楽しみました。

お父さん
石見銀山は１日では
まわりきれないね。
まだまだ見たいところが
たくさんあるよ。

２ 石見銀山ドライブ ～銀積出し港見学～鞆ケ浦と沖泊～

1 鞆ケ浦

石見銀山ハイキングを無事終え、満足感にひたったマアちゃん。でも、一つだけ気になったこと。それは銀を積み出す港のことでした。そこで、お父さんにおねだりです。

マアちゃん「お父さん、どうしても見学したいんだ、港が。」

お父さんは思わず苦笑しました。一度言い出したら、聞かないマアちゃんの性格です。

お父さん「よし、わかった。石見銀山ハイキングの第2ラウンドは、大田市仁摩町の鞆ケ浦と温泉津町の沖泊の現地見学にしよう。」

マアちゃん「やったー!!」

8月19日、マアちゃんを乗せたお父さんの自家用車は、松江から国道9号で石見路へ。仁摩町のサンドミュージアム前を通り過ぎ、やがて馬路隧道（トンネル）手前50mから脇道へ右折したところで止まりました。

国道9号から鞆ケ浦へ入る道

鞆ケ浦への標識

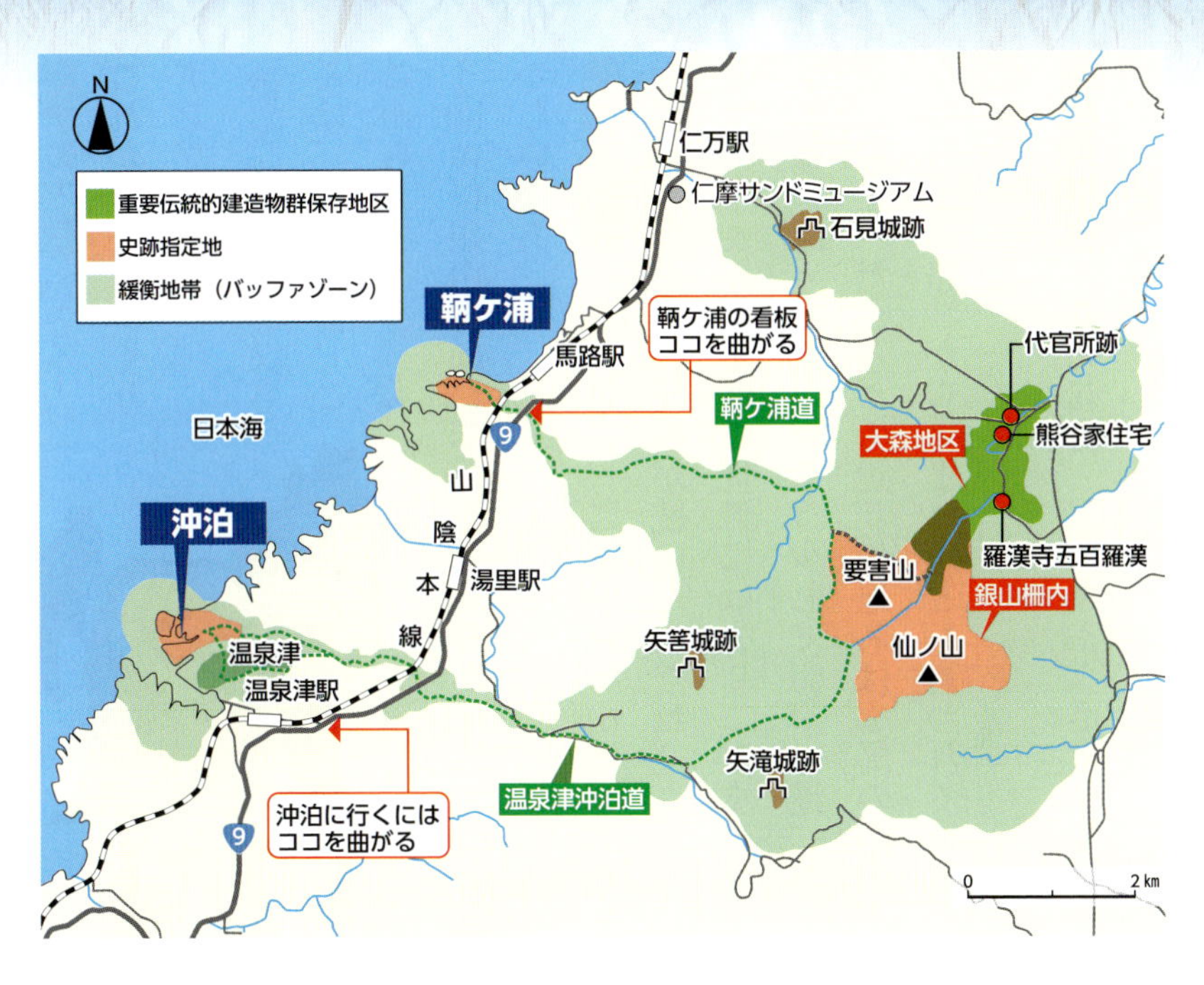

マアちゃん「なんで、こんな所で止まったの、お父さん。」

不思議に思いながらも、車を降りたお父さんの後ろに付いて、すぐ目の前の国道の横断歩道を渡りました。すると、そこには幅約1～1.5mの狭い山道が。

お父さん「マアちゃん、これは石見銀山つまり、仙ノ山から、銀鉱石を海岸の鞆ケ浦まで運ぶための道だったんだよ。」

標識の反対側、鞆ケ浦道

マアちゃん「へえー、これがー‼びっくりポンだね。」

お父さん「お父さんは、20年位前、ここからこの道を、もう100m位銀山方向に歩いたことがあるんだ。なつかしいなあ。」

マアちゃん「お父さん、こんな細い山道を鉱石を背負った馬や牛の行列が続いたんだね。」

マアちゃんは想像の世界にはまりこみました。

お父さん「そして、もう少しで海岸の港、鞆ケ浦に着く。だからこの辺りの地名は〝馬の路〟すなわち〝馬路〟から生まれたとも言われているんだよ。」

マアちゃん「なるほど。じゃあお父さん、早く鞆ケ浦へ行こうよ。」

車は国道9号から、右方向に発進。JRの線路を渡り〝鳴き砂〟で有名な琴ケ浜に出ます。そこで左折し、砂浜に沿って進むと〝友トンネル〟。そしてトンネルを抜けると目の前には、小さな入江。岸辺には漁船が何隻か。

お父さん「さあ着いた、ここが鞆ケ浦。」

二人は早速、海岸を歩き始めました。説明板もあって、わかりやすいです。

マアちゃん「なるほど。大内氏は銀山から約6.5km

友トンネル

鞆ケ浦

という最も距離が短いことから、この小さな港を積出し場所としたんだね。両側の半島にはさまれた入江だから、外海が荒波でも、この鞆ケ浦は安全だね。」

お父さん「そうだね、そういう地理的な条件に恵まれた、ここを選んだわけだ。銀山の現地で製錬されていない、鉱石がここから船で積み出されたんだよ。1527年から銀の採掘が始まった後、わずか7～8年の短い期間だったようだけどね。」

マアちゃん「あっ、あそこ、岩に穴が開いているよ。」

　マアちゃんは、船を綱でつなぎとめておくための「鼻ぐり岩」に気が付きました。そして、右手前方に赤い鳥居を見つけました。

鼻ぐり岩

お父さん「あれは鵜島厳島神社。航海の守り神だね。残念だけど、通路が途切れて、今はあそこまでは行くことができないんだ。」

　二人は海辺から逆方向の谷間の集落へ入って行きました。つまり〝銀山街道〟を歩く形で。50mほど奥、街道の左脇に旗。〝鞆館〟というサテライト施設でした。古民家を修復し、懇切ていねいな解説スポットになっていました。おまけに新しいトイレも備わっていて、見学者にはありがたい施設でした。

鞆館

お父さん　「鞆ケ浦は銀鉱石の積出し港として役目を終えた後、今もこうやって小さな漁港として役割を果たしているんだねえ。」

お父さんの率直な感想でした。二人は再び車に乗り、次は沖泊を目指しました。

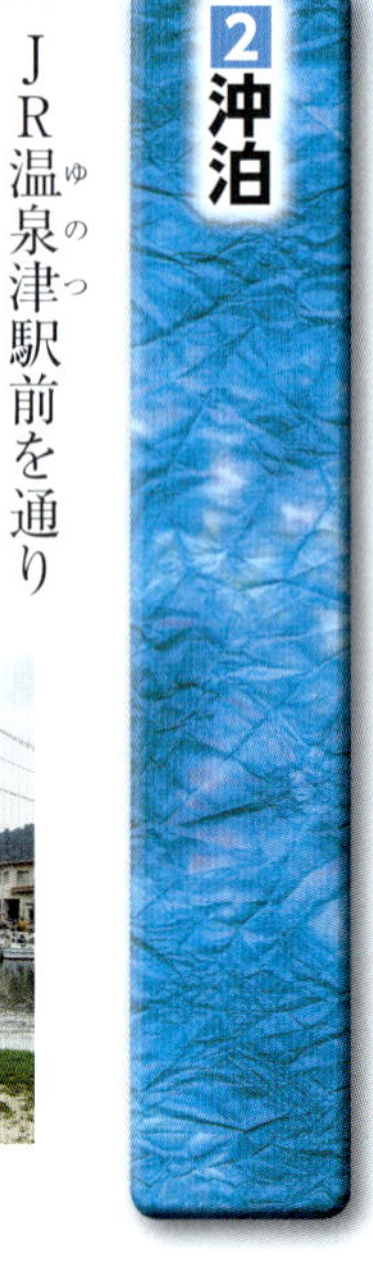

2 沖泊

JR温泉津駅前を通り過ぎ、温泉津温泉街の入口にある駐車場に車を止めました。左手には大きな温泉津港。

お父さん　「マアちゃん、沖泊へ行く前に正面の観光案内所〝ゆうゆう館〟の2階の展示室で予習をして行こうか。」

温泉津港

二人は窓口で笑顔の係員に迎えられ、気持ちよく2階へ。ここでお父さんは温泉津港の絵図をもとに、特に温泉津港全体と沖泊の位置について指摘しました。

観光案内所　ゆうゆう館

お父さん　「マアちゃん、注目してほしいのは、この沖泊の場所。温泉津港の大きな湾の中でも、最も奥まった、しかも、温泉津港全体の中では、一か所だけ港の向きが異なっているでしょう。小さな入江だけど、日本海の外海から北西の強い風波をまともに受ける温泉津港の中でも沖泊だけは、荒波が入って来ない位置にあるでしょう。」

マアちゃん　「本当だー。たしかに。」

再び車は温泉津港の湾岸道路に沿って、港の先端方向へ。やがて左折。まもなく、沖泊方面を示す標識が目に入り、その左には古びた感じの狭いトンネルが開口。道路幅の狭いそのトンネルをくぐり抜けると、左手に海岸が見えてきました。ここが沖泊です。

二人は人の気配がほとんどない海辺を歩き出しました。解説板の所から前方を見ました。

マアちゃん「お父さん、たしかに、この入江なら安心、安全だね。船をつないでおくにはちょうどいい。」

マアちゃん「あっ、あそこに鞆ケ浦と同じような

北西の風
沖泊港
櫛山城
(櫛島)
しばらく風波がおさまるまでの船の係留用港(風待ち港)
荒波
鵜丸城
(大島)
温泉津港
温泉津温泉
やがておだやかな波になって、沖泊から移動して、温泉津の町で商人と取り引き、物資と銀貨幣のやりとり

沖泊港

沖泊港へ抜けるトンネル

〃鼻ぐり岩〃があるよ。解説板によると60か所もあったんだって。銀山が毛利氏によって支配されるようになった16世紀の後半から約40年間使われたと書いてあるよ。でもちょっと気になるなあ。この港は広さがそんなにないねえ。」

お父さん「マアちゃん、いいところに気が付いたね。その点も問題なんだ。実は毛利氏は、温泉津港で他地域から船で運んできた米、大豆、木炭など生活用物資をおろして、その代金を、石見銀山で産出した銀鉱石から作った、銀貨幣で支払いをしていた。その時、売り買いの仕事をしたのは、温泉津の中心の町に住む商人たち。」

マアちゃん「じゃあ、商人たちは、温泉津温泉のある町から、わざわざ少し離れたこの沖泊までやってきたの？不便だよ。それに、この狭い場所で、たくさんの品物のやりとりができたのかなあ。」

鼻ぐり岩（ロープはイメージ）

お父さん「マアちゃんの言う通り。やはり何と言っても、温泉津港の中心地は今の温泉街入口付近だよ。あの辺りは、広さもあるし、町の間近だし、商品の取引にはもってこいの場所だよ。」

マアちゃん「ということは、ここ沖泊は、温泉津港の中心地に船が接岸できない荒波のシケ時、しばらくおだやかな状態になるまでの、時間稼ぎの〃風待ち港〃の役割をしていたんだね。」

お父さん「そういうふうに考えた方がよいとい

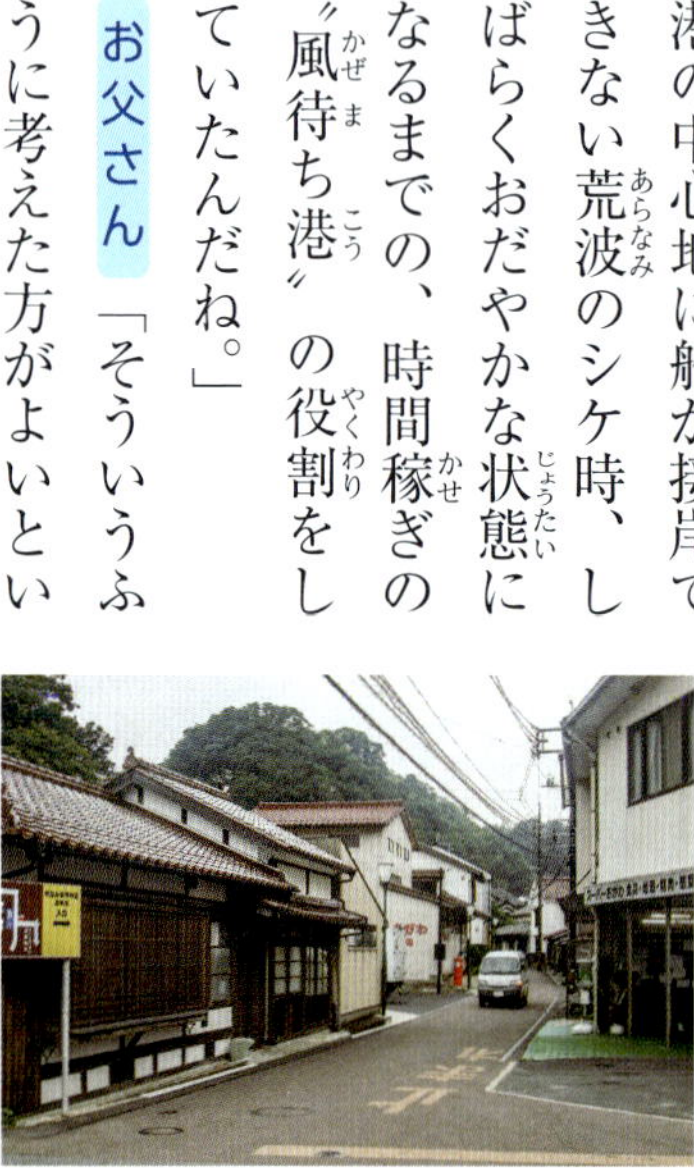

温泉津温泉街入口付近

う研究者が多くなっているらしいよ。実はお父さんは20年前の現地見学会の時から気にかかっていたんだ。沖泊の役割が。やっと腑に落ちたよ。」

沖泊ではマアちゃん以上に、お父さんが感動したようです。

マアちゃん「お父さん、ここにも神社があるね。」

お父さん「恵比寿神社。航海や港の安全の守り神だね。」

かれこれ約30分、かつてのにぎわいが全く感じられない、ひなびた漁村、沖泊の集落に別れを告げ、二人は大田市大森町へ向かいました。

沖泊の集落

沖泊港にある恵比寿神社

3 学習のまとめ ～石見銀山資料館と石見銀山世界遺産センターで～

こうして親子二人の石見銀山現地見学は終了。昼食後は、二つの施設見学です。石見銀山資料館では、何と言っても実物そのものを見ることができます。石見銀山世界遺産センターでは、銀山をVR体験映像などでI・T技術を駆使した方法でとらえることができます。

夕方、松江への帰路、車中でのマアちゃんの感想。

マアちゃん「お父さん、やっぱり、ぼくたちは前もって銀山ハイキングをやっていたから、資料館とセンターの展示内容がよくわかったよ。」
これが今回、石見銀山の見学学習を充実させた二人の結論でした。

石見銀山資料館

〒694-0305　島根県大田市大森町ハ51-1
TEL 0854-89-0846　FAX：0854-89-0159
https://igmuseum.jp/
●開館時間　9：00～17：00
●休 館 日　毎週水曜日（12月～２月）・年末年始

石見銀山世界遺産センター

〒694-0305　島根県大田市大森町イ1597-3
TEL 0854-89-0183　FAX 0854-89-0089
https://ginzan.city.ohda.lg.jp/
●開　館　時　間　8：30～17：30
●展示室観覧時間　9：00～17：00
　※3月～11月は30分延長
●休　　館　　日　毎月最終火曜日・年末年始

あとがき

「石見銀山遺跡とその文化的景観」がユネスコの世界遺産リストに記載されてから、12年の月日が経ちました。この間、世界は平和で寛容な社会に向かうどころか、ますます分断が根深くなり、対立も激化の一途をたどっています。

世界遺産を学ぶということは、多様な文化や価値観の相違を認識し、受け入れて尊重することのできる社会を育むことにもつながります。日本にグローバリゼーションの潮流を生み出した石見銀山であればこそ、世界遺産として伝えられるメッセージもあるのではないでしょうか。

本書が石見銀山の新たな魅力と出会い、理解を深める一助となれば、そして世界に目を向けるきっかけとなれば幸いです。

さて、「おしえて石見銀山たんけん隊」は、山陰中央新報こども新聞『週刊さんいん学聞』で、平成29年（2017）4月5日から平成30年（2018）3月21日まで連載したものです。本書の刊行にあたり、原稿の一部に加筆修正を加えました。

連載にあたっては、山陰中央新報社編集局子ども新聞編集室の水沢洋一室長、石川麻衣さん、紙面制作部の岡本健一さんに、たいへんお世話になりました。とくに石川さんとは企画段階から率直な意見を交わし、内容について多くのアドバイスをいただきました。心から感謝しています。

また、本書が『親子で学ぶシリーズ』の一冊として出版されることになったのは、宍道正年さんに声をかけていただいたことによります。最後に記して感謝の意を表します。

共同執筆者　藤原雄高（ふじはらゆたか）

あとがき

編著者　宍道正年（しんじ まさとし）

本書の刊行を思い立ったのは、藤原雄高氏の実にすばらしい作品。山陰中央新報こども新聞「週刊さんいん学聞」の連載「おしえて石見銀山たんけん隊」。これほど小学生向けに、わかりやすくコンパクトにまとめられたものはこれまでありませんでした。そのうち書籍として出版されるだろうと、心待ちにしていましたが、いっこうにその気配はありませんでした。「おしえて石見銀山たんけん隊」の次の連載は私が担当し、その年4月からは拙稿「親子で学ぼう！松江藩の時代」を今年3月まで、一年間続けましたが、その間にも、発刊の情報はありませんでした。もったいない。このまま新聞切り抜き帳（スクラップブック）に留まっていては。そこで思い切って、今年、5月15日藤原雄高氏に、今回の形で出版の話を、私から持ちかけたところ、快諾を得たのでした。

実は私自身、石見銀山とは過去に少なからぬ縁がありました。平成7年に「石見銀山を世界遺産にしよう」と声が上がったその年から、たまたま人事異動で、浜田市立美川小学校教頭から、島根県埋蔵文化財調査センター長の職についたのです。故澄田信義島根県知事の強力なリーダーシップのもとに、島根県と地元大田市（旧仁摩町、旧温泉津町含め）が力を合わせ、文化庁や田中琢先生を委員長とした調査整備委員会の先生方のご指導を得ながら、まさに、官民一体となって尽力された結果、平成19年には、みごと目標が実現し、今日に至っています。私は当時の勝部昭文化財課長（のち教育次長）の後ろにくっついて、右往左往しているだけでした。その後、文化財課長の職を離れる平成16年3月までの9年間には、それでも石見銀山の現地に30回は足を運んだと思います。その間には、イコモスの名誉会員ヘンリー・クリア博士のご視察というられしい場に居合わせていただいたこともあったし、鉱業権の問題、バッファゾーンの設定という重い課題や、さらには登録一年前倒しの方針決定と直ちに挫折という事態にもかかわらせていただきました。今、振り返ってみると、世界遺産登録までの約12年間の歩みの中で、「三段跳び」にたとえると、ホップから次のステップにさしかかる段階にたずさわらせていただいたかもしれません。ともあれ、劇的な登録決定の瞬間に至るまで、数多くの方々が、それぞれの立場でご苦労された、そのご努力の結晶だと思います。

ところで「世界遺産石見銀山の魅力は何か」と問われた時、人によって様々な答え方をされるでしょう。私自身は、何と言っても、港、街道、城、町並み、鉱山、製錬所などすべてひっくるめた石見銀山全体の、そのスケールの大きさと、その遺跡や今の景観から、かもし出される歴史のロマンです。平成7年に初めて石銀千畳敷地区の発掘調査現場を訪れた時、調査担当の遠藤浩巳氏（現大田市石見銀山課長）から現地説明をしていただいた、あの日の感激は忘れられません。標高400mの山の上に、こんなにも雄大な鉱山都市の遺跡がひろがっているとは。まさに目からウロコでした。

石見銀山の本当のすばらしさは、一度訪れただけではわかりません。石見銀山資料館や石見銀山世界遺産センターを見学した後、町並みを散策しただけでは体得できません。十分に時間とエネルギーを費やして、じっくりと何度も訪れるやり方です。例えば大久保間歩から石銀集落跡まで登ってみるとか、銀の積み出し港まで足をのばすとか。

少なくとも龍源寺間歩まで、がんばって歩いて、本物の坑道を実感していただきたいです。せっかく銀山へ来たのに坑道も見ないで帰っては、石見銀山の真の良さを理解したことになりません。県内の方は、何度も見学先を分けて、くり返し訪れ、県外の方は、温泉津温泉で宿泊し、短期滞在型の形にして、石見銀山の魅力を満喫(まんきつ)していただきたいです。特に小・中学生の皆さんには、教室の中での学習に終わらず、ぜひ現地を、自分の足で歩いて体感してほしいです。一昔前、小学校教師の先輩、門脇節朗氏が「20坪（教室）からの脱出」つまり、広さ20坪の教室を出て、校外での現地学習を、と熱く提唱されたことを思い出します。最近は英語が正式教科となって、見学学習のための時間的余裕がなくなったとか、交通費が高くて無理だ、という声も耳にしますが、何とか…。学校教育で望めないとすると、次は家庭で、休日に親子で、あるいは家族で出かける方法はいかがでしょうか。その意味で、親子向けに本書に「石見銀山親子ハイキング&ドライブ」の章を設けました。

また、小学生にとって難しいのは、戦国時代の石見銀山争奪の歴史。それを伊藤大貴氏の最新の研究成果が記された講演録を教科書として、子ども向けにわかりやすくイラスト入りで紹介したつもりです。

なお、本書の後半部分「親子で石見銀山歴史散歩」を執筆するに当たって、藤原雄高氏のご案内で、デザイナー（イラストレータ）の多久田寿子さんとご一緒に、今年7月23日と8月19日の2日間、16年ぶりに現地を見学しました。久しぶりだったので大感激でした。その際、うれしかったのは、多くの研究者の努力によって、その後、確実に石見銀山の調査研究がレベルアップし、深化していることでした。例えば平成15年当時、銀山の銀の積み出し港は沖泊、とされていた点。専門外の素人の私としては、どうも釈然としませんでした。ところが近年では、研究者の間では、沖泊は「風待ち港」で、物資の取引は温泉津港の中心地（温泉街入口付近）ではないか、という意見が強くなったとか。銀山から、沖泊へ向かう運搬ルートが、途中で枝分かれした形で、温泉津中心地にのびていたのかもしれません。そこで、ふと頭によみがえったのは、「鞆ケ浦ルート」のこと。かつて、ルート決定の時に採用されなかった、池橋達雄氏提案ルート。あの時は、時間的制約もありました。今後、落ち着いた状況で、若手研究者によって、今一度検討したら、ひょっとして、もう一本の銀山街道が付け加わるかもしれません。そういう期待感も持ちました。複数ルートがあってもいいのではないかと。

また、年間数十万人の人々が、島根県の誇るべき世界遺産・石見銀山を訪れることによって、地域の方々の日常生活に、大なり小なりご迷惑をかけている現実も目の当たりにしました。今回久々の現地踏査をして痛感しました。地元の方々に感謝の気持ちを持ちながら、マナーを守って見学させていただく姿勢が大事だと改めて強く思いました。

なお、大田市教育委員会によって平成28年3月、『石見銀山ことはじめ』という小・中学生用のすばらしい学習テキストが刊行されていました。言い訳になるかもしれませんが、この書籍は、今年8月19日、大田市石見銀山課を訪れた時、初めて手にしました。本書以上にすぐれた内容。脱帽です。あえて言わせていただくとしたら、この本は教室の中での授業用、本書は現地見学ハンドブック用と使用目的に応じて使い分けていただく、ということで、いかがでしょうか。

さて、本書でもって「親子で学ぶシリーズ」は『親子で古代出雲の荒島を歩く』と『親子で学ぶ松江城シリーズ第1弾～第6弾』につづいて第8弾ということになります。共同執筆者、藤原雄高氏のご好意で実現できたことは言うまでもありません。連載「おしえて石見銀山たんけん隊」の編集担当石川麻衣さん（現、山陰中央新報社邑南通信部勤務）の陰の力も大きいです。子ども向けにアレンジできたのは、石川さんの力量によるそうです。

資料掲載に快く応じていただいた島根県教育委員会、島根県立古代出雲歴史博物館、大田市教育委員会、石見銀山資料館（仲野義文館長）、石見銀山世界遺産センター、中村ブレイス株式会社（中村俊郎会長）、清水寺、井戸神社、日本銀行貨幣博物館、温かくご教示をいただいた西尾克己さん（元島根県古代文化センター長）、大國晴雄さん（前大田市教育委員会教育長）、遠藤浩巳さん、伊藤大貴さん、発刊に至るまでご尽力いただいた山陰中央新報社出版部加地操さん、同行取材していただいた錦織拓郎さん（山陰中央新報社大田支局長）、株式会社クリアプラスの間庭嘉昭さん、後藤純子さん、毎回卓越したイラスト・デザインを作っていただく多久田寿子さん、そして実にお忙しいのにもかかわらず、今回も7回目になりますが、巻頭言を快くお引き受けいただいた藤岡大拙先生に厚くお礼を申し上げます。

令和元年（2019）11月15日

山陰中央新報

2019年（令和元年）9月2日（月曜日）

石見銀山 親子で学んで

年内にも書籍化

さんいん学聞
連載企画

藤原雄高学芸員（右）と共に大田市大森町を歩く宍道正年さん

大田市の世界遺産・石見銀山遺跡をテーマにした山陰中央新報子ども新聞「週刊さんいん学聞」の連載企画が年内にも刊行されることになり、加筆などを担当する元松江歴史館専門官の宍道正年さん(71)＝松江市西津田10丁目＝がこのほど関連する史跡を訪ねた。

連載企画「おしえて石見銀山たんけん隊」は、石見銀山資料館（大田市大森町）の藤原雄高学芸員(38)が執筆し、2017年4月から18年3月までに全26回を掲載。江戸時代に幕府直轄の「天領」になるまでの銀山争奪戦の歴史や、世界遺産を構成する史跡の解説を加え、「親子で学ぶ世界遺産石見銀山」のタイトルで山陰中央新報社から書籍化される。

史跡の解説は、銀坑跡がある仙ノ山、公開坑道の龍源寺間歩、銀の積み出し港として栄えた鞆ケ浦などを、親子が訪ね歩く形式で展開。現地散策のガイドブックとしても活用できる。

藤原学芸員と共に現地を訪ねた宍道さんは「石見銀山はじっくり時間をかけて巡ってこそ魅力を深く理解できる。本がその一助となればいい」と話した。

（錦織拓郎）

参考文献・資料

石見銀山資料館編『資料でみる石見銀山の歴史』（石見銀山資料館　２００７）

石見銀山展実行委員会編『輝きふたたび石見銀山展』（石見銀山展実行委員会　２００７）

石見銀山歴史文献調査団編『石見銀山―石見銀山関係論集』（思文閣出版　２００２）

遠藤浩巳『銀鉱山王国・石見銀山』（新泉社　２０１３）

大田市教育委員会編『石見銀山ことはじめ―わたしたちの石見銀山』（大田市教育委員会　２０１６）

大田市教育委員会・『石見銀山学ことはじめ』編集委員会編『石見銀山学ことはじめⅠ〈始〉』（大田市教育委員会　２０１８）

大田市教育委員会・石見銀山学概説書編集委員会編『石見銀山学ことはじめⅡ〈水〉』（報光社　２０１９）

三瓶フィールドミュージアム財団編『石見銀山―鉱山遺跡と自然史』（三瓶フィールドミュージアム財団　２００７）

島根県教育委員会編『石見銀山史料解題　銀山旧記』（島根県教育委員会　２００３）

島根県教育委員会編『平成30年度石見銀山遺跡関連講座記録集』（島根県教育委員会　２０１９）

島根県教育庁文化財課世界遺産室編『石見銀山の社会と経済―石見銀山歴史文献調査論集』（島根県教育庁文化財課世界遺産室　２０１７）

島根県立古代出雲歴史博物館・石見銀山資料館編『石見銀山展―銀が世界を変えた』（島根県立古代出雲歴史博物館・石見銀山資料館　２０１７）

高屋茂男編『石見の山城―山城50選と明らかにされた城館の実像』（ハーベスト出版　２０１７）

仲野義文『銀山社会の解明―近世石見銀山の経営と社会』（清文堂出版　２００９）

藤原雄高『石見銀山資料館史―地域における小規模博物館・資料館の存在意義』（しまねミュージアム協議会　２０１１）

本多博之『天下統一とシルバーラッシュ―銀と戦国の流通革命』（吉川弘文館　２０１５）

編著者略歴

宍道　正年（しんじ　まさとし）

1948年、島根県松江市生まれ。島根大学教育学部卒業後、小学校教諭に。1989年4月から1992年3月まで3年間は八束郡島根町教育委員会派遣社会教育主事。島根県古代文化センター長、島根県埋蔵文化財調査センター所長、島根県教育庁文化財課課長など歴任し、2008年3月松江市立法吉小学校校長を最後に定年退職。2010年8月から2019年3月まで松江歴史館専門官。4月からフリーランス（雇用的自営業者「宍道正年歴史研究所 代表」）。

主な著書に『島根県の縄文式土器集成Ⅰ』(1974)『ふるさと日御碕』(1976)『日御碕剣道の歩み』(1975)『小学校剣道部経営』(1979)『清原太兵衛と佐陀川づくり』(1983)『島根の考古学アラカルト』(1984)『宮尾横穴群』(1992)『亀田横穴群』(1993)『（ビデオ）チェリーロードわが町』(1990)『入海の見える校長室から』(2008)『丘の上の校長室から』(2008)『ふるさと久多美から松江へ』(2008)『親子で学ぶ松江城と城下町』(2012)『親子で学ぶ松江藩の時代～松江歴史館で見る～①』(2013)『（DVD）親子で学ぶ周藤弥兵衛の〝切通し〟と〝川違え〟』(2012)『親子で古代史の宝庫荒島を歩く』（リーフレット）『米作りに生涯をかけた荒島の先人たち』（リーフレット）『親子で古代出雲の荒島を歩く～荒島はすごい～』(2014)『島根町チェリーロードの五十年』(2015)『維新十傑の一人・前原一誠と松江の修道館そして大社町宇竜』(2015)『親子で学ぶ国宝松江城』(2016)『（DVD）戦国武将宍道氏とその後～尼子氏と宍道氏のかかわり～』(2016)『親子で学ぶ国宝松江城のお殿様①』(2017)『日御碕少年剣道の生い立ち』(2017)『親子で学ぶ国宝松江城のお殿様②』(2018)『久多美少年剣道四十年の歩み』(2019)『親子で学ぶ松江城と富田城の時代』(2019) などがある。

日本考古学協会員、全国宍道氏会世話人、松江市月照寺大亀の石研究会代表、前原一誠を再評価する会世話人。剣道2段。松江市在住。

親子で学ぶ 世界遺産石見銀山

前編 山陰中央新報こども新聞『週刊 さんいん学聞』連載
「おしえて石見銀山たんけん隊」

後編「親子で石見銀山歴史散歩」

令和元（2019）年11月15日発行

編著者 宍道 正年

デザイン 多久田寿子
発行所 山陰中央新報社
〒690-8668 松江市殿町383
電話 0852-32-3420（出版部）
印刷 ㈱クリアプラス
製本 日宝総合製本㈱

ISBN978-4-87903-235-5 C0021 ￥1500E